घुमंतू लड़की की डायरी

वास्तविक भारत को ऊपर से नहीं, अन्दर से ही देखा जा सकता है। इसे देखने के लिए सँकरी गलियों, कच्चे रास्तों, बाज़ारों की धक्का-मुक्की, शादियों, ट्रेनों, सरकारी ऑफिसों और राजनितिक सभाओं में जाना होगा। यह घुमंतू लड़की ऐसी ही जगहों तक ले जाती है, जिन्हें हम देखकर भी अनदेखा करते हैं। ये यंग जेनरेशन की आँखों से देखी गयी वास्तविक भारत की छवियाँ हैं, जिन्हें वह प्रभावी शब्दचित्रों में बदल देती है। इसमें हास्य, व्यंग्य, सामजिक यथार्थ और इस सबके साथ मज़ेदार क़िरदार और कहानी भी है।

आईना राव

लेखिका आईना राव IIT दिल्ली की सिल्वर मेडलिस्ट और IIM बंगलुरू की टॉपर रही हैं। व्यावसायिक रूप से वित्त विशेषज्ञ हैं, लेकिन उनकी रुचियों का क्षेत्र गायन और लेखन है। वह फाइनेंसियल टाइम्स, लंदन के लिए लिखती रही हैं। लेकिन इस किताब में वह आर्थिक मसलों के बजाय एक आम औरत की नज़र के साथ हास्य, व्यंग्य और विचारोत्तेजक सामाजिक मसलों की दिशा में आयीं। वह बंगलुरू में रहती हैं और ज़बरदस्त घुमंतू हैं।

घुमंतू लड़की की डायरी

आईना राव

अनुवादः रश्मि भारद्वाज

अनबाउंड स्क्रिप्ट

First published in English by Leadstart Publishing

अनबाउंड स्क्रिप्ट से प्रथम संस्करण : 2023

घुमंतू लड़की की डायरी

ISBN : 978-93-92088-21-6

मूल्य : ₹ 249/-

अनबाउंड स्क्रिप्ट
बी–10, सेवेन वंडर्स बिजनेस सेंटर,
प्लॉट नं. जी–20, बेसमेंट,
प्रीत विहार, नई दिल्ली–110092

वेबसाइट : www.unboundscript.com
ई-मेल : books@unboundscript.com

मुद्रक: यश प्रिंटोग्राफ़िक्स
नोएडा, उत्तर प्रदेश

Ghumontu Ladki ki Diary by Aina Rao

Translated by Rashmi Bhardwaj

अनुक्रम

सुन्दर भारत और हम सबके अन्दर रहने वाले
घुमन्तू भारतीय के नाम

भूमिका

भारत हमेशा से ही आकर्षण का विषय रहा है। विविध रंगों से भरा यह देश बस एक देश भर नहीं है बल्कि एक पूरा संसार समेटे हुए है। इस ग्रह पर कहीं और आप इतने विविध क़िस्म के लोग, संप्रदाय, खानपान और संस्कृति नहीं पाएँगे जो बहुत ही शांतिपूर्ण और अलहदा ढंग से एक दूसरे के साथ रहते आए हैं। इसी अनोखेपन के कारण यहाँ तमाम कहानियाँ जन्म लेती हैं। आईना भी ऐसी ही एक कहानी है। उसकी किताब भारत की कहानी कहती है, और उसकी ख़ुद की भी कहानी, जो ऊबड़-खाबड़ रास्तों से होती हुई—भारत भर में घूमती हुई बेहद रोचक और विचारोत्तेजक ढंग से आगे बढ़ती है।

सँपेरों और हाथियों का देश कहकर लंबे समय तक इस देश की छवि धूमिल की गयी, लेकिन अब यह अपने जागरण के सबसे सुंदर दौर में है। हर दिन इसकी छवि और निखरती जा रही है– किसी फीनिक्स पक्षी की तरह। इस देश की तरह ही आईना के जीवन में भी कई उलझनें और मोड़ आते हैं; कुछ पारंपरिक तो कुछ बिल्कुल चौंका देने वाले। भारत में रहते और भारत को जीते हुए, हर दिन हर घंटे इसमें डूबे हुए, इससे ही लड़ते हुए, जैसा कि हम सब करते हैं और अंततः विजेता की तरह उभरते हुए, ठीक अपने देश भारत की तरह।

यह ऐसी कहानी है जिसे पाठक ख़ुद जी सकते हैं और प्यार कर सकते हैं– एक घुमंतू भारतीय की कहानी जो आम भी है और बेहद ख़ास भी। बहुत साल पहले कार्टूनिस्ट आर के लक्ष्मण द्वारा बनाया गया आम आदमी किनारे खड़े रहकर भारत को बस देखता था लेकिन आईना ने उस आम आदमी को

एक आवाज़ दी। वह युवा है, उत्साही है, विचारवान है। उसकी यात्रा वहाँ से शुरू होती है, जहां वह कुछ नहीं जानती है, वह वहाँ से जानने की ओर बढ़ती है, और जानती जाती है। मुझे यह एक बहुत ही रोचक, व्यंग्यात्मक शैली में लिखी गयी सस्पेंस से भरी कहानियाँ लगीं, जिनसे गुज़रना एक सुखद अनुभव है।

तो आइये, भारत में डुबकी लगाइए। मुझे उम्मीद है आपको भी उतना ही आनंद आएगा जितना मुझे आया।

रवि सुब्रमण्यम
बेस्टसेलर लेखक

प्रस्तावना

> टेलिटबीज़ की धरती पर पहाड़ों पर और
> दूर कहीं, टेलिटबीज़ खेलते हैं इसी जमीं

आधुनिक भारत टेलिटबीज़ के देश जैसा आभास देता है जहां रहने वाले टेलिटबीज़ बहुत ही सहजता से असली दुनिया और एक आभासी संसार के बीच आवाजाही कर सकते हैं वह भी चंद क्षणों में, बस अपने पेट पर लगा एक बटन भर दबाकर।

भारत का अनुभव भी कुछ ऐसा ही है। कुछ ही क्षणों में अपने आरामदायक अपार्टमेंट के सुरक्षित, यंत्र चालित गेट, क्लोज़ सर्किट कैमरा आदि की नकली दुनिया को पारकर नागासान्द्रा की वास्तविक दुनिया में प्रवेश कर सकती हूँ। नागासांद्रा—शहरी बंगलुरु के हृदय में स्थित एक गाँव—जो एक परिसर पार करते ही, झोपड़ीनुमा घरों, भैंसों और बैलों, मुर्गियों और सड़क पर खेलते अधनंगे बच्चों की एक अलग ही दुनिया है। मुझे इसके लिए अपने ऑटोरिक्शा से उतरना भी नहीं होता। मैं अपने फोन के कुछ बटन दबाती हूँ (टेलिटबीज़ की तरह) और असली भारत की तस्वीरें क़ैद करने लगती हूँ। भारत; जहां बिजली के तार ज़मीन पर लोट रहे होते हैं, जहां की धरती में मिट्टी की ख़ुशबू है, जहां गायें ज़ोर से रंभाती हैं और मुर्गे तेज़ी से दौड़ते हैं। यह वह भारत है जहाँ से मैं रोज़ गुज़रती हूँ, एक आम आदमी की तरह बहुत कुछ देखती हूँ, ध्यान से उन्हें गुनती हुई, कभी कुछ गहनता से सोचती हुई और कभी एकदम अनदेखा करती हुई। लेकिन मैं जो भी देखती हूँ, उसे तुरंत दर्ज कर लेती हूँ ताकि कोई भी चीज़ मेरी

कलम की जद से छूट न जाए। अपने बचपन में सुनी टेलिटबीज़ की कहानियों से आज ख़ुद ऐसे ही देश का हिस्सा होना कभी-कभी बहुत दूर का लेकिन फिर भी बहुत पास का अनुभव लगता है।

एक दिन शायद मैं निरपेक्ष भाव से किसी साधु की तरह इसी यात्रा पर दुबारा लौटूँ और मुक्त भाव से चीज़ों को देखूँ लेकिन अभी मैं अपने आस-पास की चीज़ों को लिखती हुई एक सांसारिक (उतनी बुद्धिमान नहीं) औरत हूँ। अपने हर दिन के जीवन में उलझी हुई जिनसे मेरा अस्तित्व बना है। यह फ्लैट जिसे यहाँ अपार्टमेंट! कहते हैं, एक अति आधुनिक समुदाय का हिस्सा है। इसका नाम फ़ैन्टाशियाना है, जहां चमकता पूल और पूल टेबल है, बहुत ही सुविधाजनक ढंग से बंगलुरु के हृदय में बसे दो गाँवों के शांतिपूर्ण जीवन के बीच ख़ुद को स्थापित कर चुका है – चल्लाघट्टा और नागासांद्रा के बीच। मैं लोगों को गौर से देखती हूँ—ज़्यादातर कॉर्पोरेट क़िस्म वाले जो अपने आशियाने से किसी सैनिक की तरह लैस होकर चार चक्के पर निकलते हैं, सड़क पर मिलने वाले एक युद्ध क्षेत्र और ऑफिस के लड़ाई के मैदान में संघर्ष करने को तैयार। मैं सोचती हूँ, सोचती जाती हूँ, इस सब की व्यर्थता और फिर सब कुछ को अपनी कलम से पकड़ लेना चाहती हूँ।

इसमें कोई शक नहीं कि एक दिन मैं उन रिटायर्ड लोगों की कतार में शामिल होउंगी जिनके पास बहुत सारा समय है और जो बिना किसी जल्दबाज़ी के, शांति और सहजता से लिख पाते हैं। तबतक जीवन की आवाज़ को अनदेखा करना मेरे लिए मुश्किल है। मैं बहुत ही आवेग से लिखती जाती हूँ, अपने आसपास के भारत को गहनता से निरखती हुई, एक आम आदमी की तरह ऑटोरिक्शा में घूमती हुई। मैं उम्मीद करती हूँ कि कोई, कहीं यह सब कुछ पढ़ेगा और उसे मेरी बात समझ आएगी, घुमंतू भारतीय की बात समझ आएगी और इन्हीं सब के बीच कहीं भारत भी समझ आएगा।

भारतीय शादियाँ

वेडिंग ऑन व्हील्स : वाउव

आज घोषणाओं की बरसात हो रही है और जैसी कि कहावत है—जब बारिश होती है तो झप्पर फाड़ के होती है। इसकी शुरुआत भारतीय रेलवे ने अपना घटता हुआ मुनाफ़ा दुरुस्त करने के लिए सबसे उपयोगी सरकारी इनोवेशन में से एक 'वेडिंग ऑन व्हील्स' शुरू करने की घोषणा के साथ की। यह प्रवेश परीक्षा के एकदम भारतीय संस्करण, खौफ़नाक आईआईटीज़ी से भी बढ़िया प्रयोग लग रहा है। बहुत ही रचनात्मक! इस देश में जहाँ हर दिन, हर महीने, हर साल, साल-दर-साल लाखों शादियाँ होती हैं, इस बात पर कोई आश्चर्य नहीं होना चाहिए कि इस नवाचार—वेडिंग ऑन व्हील्स, (वाउ) यानी पहियों पर शादी ने देश में तूफ़ान मचा दिया है।

और यह आई दूसरी घोषणा : जानी मानी, आदरणीय दूरसंचार मंत्री मैडम चाँदनी को उनके किसी चाहने वाले ने एक टीवी चैनल उपहार में दिया है। इस नये तोहफ़े में मिले टीवी चैनल का नाम घोषित करने के लिए पूरी पार्टी चाँद-रौशनी में जमा हुई। उसका नाम रखा गया (सरप्राइज़, सरप्राइज़!) चाँद चैनल, चाँद टीवी।

और क़िस्मत देखिए कि चाँदनी मैडम के चमचे मिस्टर चाटू और अब चाँद टीवी के नव-नियुक्त एम.डी., जो किसी जनम में मेरे बॉस हुआ करते थे, ने चंगा टाइम्स के अपने केबिन में मुझे बुलाया और एक शातिर मुस्कुराहट के साथ मुझसे पूछा, 'आईना, क्या तुम एक सरप्राइज़ पसंद करोगी?'

'अच्छा! हम्म, हाँ'। दरअसल उनके शातिरपने से सावधान रहते हुए मुझे कहना चाहिए था—'शायद'। लेकिन मुझे सुबुद्धि आई और मैंने हथियार डाल दिया।

और इस तरह आई एक और ख़ास घोषणा: चाँद टीवी के एम.डी. मिस्टर चाटू ने आईना राव को जो चंगा टाइम्स की पत्रकार हैं, अब डेप्युटेशन पर चाँद टीवी का स्पेशल रिपोर्टर नियुक्त किया है। बोनस के तौर पर मिस्टर चाटू ने मुझे चाँद टीवी का बढ़िया स्टॉक देने का भी प्रस्ताव रखा है। यप्पी! टीवी रिपोर्टर के तौर पर मेरा पहला मौक़ा! मैं उम्मीद करती हूँ कि यह मेरे पुराने खूबसूरत पत्रकारिता के अनुभव से कुछ अलग होगा।

फ़िलहाल बंगलोर रेलवे स्टेशन पर हूँ, जो अब बंगलुरु है—शहरों को नये नाम देने की सनक का परिणाम। (जिसके कारण मद्रास अब चेन्नई है, बंबई मुंबई है और यह सूची बढ़ती ही जा रही...) मैं यहाँ दक्षिणी रेलवे के प्रवक्ता मिस्टर चुग्गा से विशेष बातचीत करने आई हूँ। जैसी की उम्मीद थी, मैं चाँदनी मैडम के इशारों पर ही क़दमताल कर कर रही हूँ, जिसे उनके रिमोट कंट्रोल मिस्टर चाटू बस आवाज़ दे रहे हैं।

दोस्ताना ऑटोरिक्शा चालक जमाल का शुक्रिया जो बंगलुरु की सड़कों को पचास किलोमीटर प्रति घंटे की रफ़्तार से नापता रहा और हर ट्रैफिक सिग्नल पर मुझे अपने परिवार का पाँच पीढ़ियों का इतिहास, अपनी वैवाहिक स्थिति (होने वाली), अपने शौक़ (सूची में ऊपर आने वाली लड़कियों को देखना) जैसी बातें और भी तेज़ गति से, लगभग पाँच सौ शब्द प्रति घंटा की रफ़्तार से बताकर मनोरंजन भी करता रहा। एक ही मिनट में उसने मेरे भी जीवन का इतिहास जान लिया—मेरे काम की स्थिति- टीवी रिपोर्टिंग, मेरी वैवाहिक स्थिति-अनिश्चित, बॉयफ्रेंड की स्थिति-रन्नी सिंह, मैराथन धावक। मैं रिकॉर्ड समय में पहुँच गयी, शादी के फेरों के लिए अपना 'वाउव' आइडिया लेकर।

साक्षात्कार का अंश

रिपोर्टर (आईना) – गुड मॉर्निंग, वाउव के लाँच की बधाई! क्या आप इसके

बारे में हमें कुछ और बता सकते हैं?

रेलवे प्रवक्ता (मिस्टर चुग्गा)—वेरी गुड मॉर्निंग। हाँ हमने इसे कल लाँच किया। आपको लाँच पार्टी देखनी चाहिए थी। पीएमजी, सीएमजी, सभी बड़े उद्योगपति, बिरलाजी, टाटाजी, फिल्म इस्टार्स, एसारकेजी, कैटरीनाजी, सोनमजी, रामपालजी, क्रिकेटर्स, सब यहाँ मौजूद थे। (चाँदनी मैडम और मिस्टर चाटू भी यहाँ थे। वे इसे कैसे मिस कर सकते थे? सौभाग्य से इस बंदे के लिए वे बिल्कुल अनजान थे) मैंने उन सबके साथ फोटो खिंचवायी। उन्होंने मुझे गले लगाया, आपको देखना चाहिए था...

आईना– बहुत अच्छा सर, लेकिन हमारे दर्शक कुछ और जानना चाहेंगे। वाउव क्या है? यह कैसे काम करेगा?

मिस्टर चुग्गा– बहुत आसान है। आप बताओ यंग लेडी, भारतीय शादियों का सबसे बड़ा दर्द क्या है?

आईना (सोच में पड़ते हुए कि क्या चुने): हम्म...क्या...दहेज?

मिस्टर चुग्गा—नहीं, नहीं, यह दरअसल इससे जुड़ी यात्रा है। पहले दुल्हन की तरफ़ के लोग अपने घर से दूल्हे के घर तक शादी के लिए जाते हैं, फिर सभी रिश्तेदार यहाँ-वहाँ से आते हैं, फिर बारात की यात्रा होती है और फिर ये सारे लोग वापस लौटते हैं। तो आप देखिए कि सबसे भयंकर तो यह यात्राएं हैं! और वेडिंग ऑन व्हील्स क्या करेगी?

आईना– नहीं जानती सर, क्या यह यात्रा नहीं करेगी? क्या यह प्लेटफॉर्म पर खड़ी रहेगी?

मिस्टर चुग्गा– बिल्कुल नहीं। यह इन सारी यात्राओं को छोटा करेगी। वे सारे लोग जिनको यात्रा करनी होगी, अब उन्हें प्लेन, बस या ट्रेन लेकर शादी में आने की ज़रूरत नहीं है। अब शादी ख़ुद यात्रा करेगी। (कैसे?) देखिए, पहले यह दुल्हन के घर वालों को शहर 'अ' से लेगी, मान लीजिए नागपुर। फिर यह शहर 'ब' जाएगी, मान लीजिए अहमदाबाद, दुल्हन के और घर वालों को लेने,

फिर यह यह शहर 'स' जाएगी दूल्हे के घर वालों को लेने, जैसे कोटा और फिर वह उन सब लोगों को लेकर शहर 'द' जाएगी जैसे जयपुर, जहाँ शादी होगी, और नया जोड़ा अपना हनीमून मना सकता है, और बाक़ी लोग शहर घूम सकते हैं। फिर यह ट्रेन दूल्हा-दुल्हन को उसके शहर और बाक़ी लोगों को उनके शहर और गाँव छोड़ देगी। बढ़िया है न ये!

आईना—बिल्कुल। बहुत लचीली यात्रा होगी। लेकिन शादी की रस्म कहाँ होगी?

मिस्टर चुग्गा—हाँ, हाँ हमने इस बारे में भी सोचा है। यह और बढ़िया होगा। देखिए, भारतीय शादी में सब कुछ मिला-जुला होता है। लेकिन हम सभी रस्मों के लिए एक कोच अलग रखेंगे ताकि जो लोग रस्म में शामिल होना चाहें सिर्फ वही लोग वहाँ रहें। हमारे पास अलग-अलग खाने के कोच, टीवी कोच, क्रिकेट कोच, मूवी कोच भी रहेंगे ताकि जो लोग सिर्फ़ खाने या मनोरंजन के उद्देश्य से आए हैं, वे वहाँ जा सकें। जो सिर्फ़ खाने के लिए शामिल होंगे, वे घूम-घूमकर अपनी पसंद का खाना खा सकते हैं। क्योंकि हमारे पास बहुत सारे खाने के कोच होंगे, जैसे चाइनीज़, तंदूरी आदि। खाना भी मिला जुला नहीं होगा। वह सिर्फ़ पेट में जाकर मिलेगा। हा हा! (उन्होंने अपनी तोंद सहलायी)

आईना– वाउ! बेजोड़, सर।

मिस्टर चुग्गा—लेकिन मेरी बात अभी ख़त्म नहीं हुई है। हमारे पास एक डांस कोच भी होगा जहाँ लोग पूरी रात पार्टी और डांस कर सकेंगे। ट्रेन कुछ प्रमुख स्थलों पर रुकेगी जहाँ लोग उतर कर अपने डांस का प्रदर्शन भी कर सकेंगे, जिससे स्टेशन का आकर्षण बढ़ेगा। एक ख़ास पहलू, हमारा प्रदर्शन कोच भी होगा जहाँ लोग अपने गहने, दहेज और बाक़ी उपहार दिखा सकेंगे।

आईना– वाह! लेकिन इतनी क़ीमती चीज़ों के साथ रास्ते में चोर-डाकुओं के हमलों का भी डर रहेगा?

मिस्टर चुग्गा— ओह! ये बड़ी ज़रूरी बात आपने सोची। रुकिए, मैं सुरक्षा

सलाहकार को लाइन पर लेता हूँ (रिंग जाती है लेकिन फोन नहीं उठता) शायद व्यस्त हैं, बाद में बात करता हूँ...

आईना– उसकी ज़रूरत नहीं है सर, आप किसी और सरकारी विभाग से ब्लैक कैट कमांडो मँगवा सकते हैं। सब सही रहेगा।

मिस्टर चुग्गा—हाँ यह मैं ज़रूर कर सकता हूँ। अंत में हम वाउव में एक सर्कस रिंग भी स्थापित कर सकते हैं। भूलिए मत शादी भी तीन रिंग का एक सर्कस है—मंगनी रिंग, शादी रिंग, और सफरिंग! हा हा! (ज़ोरदार ठहाका) तो हम वेडिंग ऑन व्हील्स में पहली शादी के लिए तैयार हैं। तो बताइए यंग लेडी, क्या आप शादी शुदा हैं? क्या आपके बच्चे हैं?

आईना– बहुत दुख की बात है सर कि दोनों नहीं है...

मिस्टर चुग्गा—अरे फ़िक्र की कोई बात नहीं। जब आप शादी करना चाहेंगी (क्या?) आप मेरे पास आइएगा। मैं आपको खाने में डिस्काउंट दूँगा। लेकिन आपको डॉलर, पाउंड और यूरो में ही पैसे देने होंगे। यहाँ रुपयों का कोई व्यापार नहीं होगा। (आँख मारते हुए)

आईना (थोड़ा हैरान होते हुए)– ओके सर, मैं ज़रूर बताऊँगी।

****

वाउ! प्रिय डायरी, मेरा पहला असाइनमेंट सच में मज़ेदार था। अब अगले में मैं ख़ुद को वेडिंग ऑन व्हील्स पर एक अच्छी ख़ासी शादी कवर करते हुए देख रही हूँ, ख़ासकर किसी सेलिब्रिटी की। काफ़ी सारी शादी की घोषणाएँ हो रही हैं—बॉलीवुड संग क्रिकेट, बिजनेस संग बॉलीवुड आदि आदि। मैं कोशिश करूंगी कि मिस्टर चाटू को मना लूँ कि ऐसी किसी सेलेब्रिटी शादी का दांव लगे।

बादलों पर शादी

ऐसा लग रहा है कि शादी इस महीने के मेन्यू में है। वेडिंग ऑन व्हील्स ने पूरे देश में धमाका मचा दिया है। एक दिन भी नहीं बीतता जब ऐसी ही किसी वाउव शादी को कवर करने का आदेश नहीं आता। नयी नौकरी में डुबकी लगाने का बढ़िया तरीका, कई मज़ेदार चीज़ें जानने का मौक़ा।

वेडिंग ऑन व्हील्स की लगभग हर दिन की कवरेज़ के बाद मुझे एक और शादी का आमंत्रण मिला था। इस बार अपने मूल शहर हैदराबाद से। एक कलीग अपनी इच्छा के विरुद्ध लेकिन अपने माता पिता की ख़ुशी के लिए शादी कर रहा था। बंदे ने अपने पूरे कुनबे से पड़ रहा शादी करने का दवाब जब तक झेल सका, झेला और आख़िरकार घुटने टेक दिए। शादी के लिए हाँ कह दी। (इस बार बिना लड़की से मिले हुए) इस तरह इस स्थिति से निबटना ज़्यादा आसान है। (सात फेरे के लिए हाँ कह दो) या कि बार-बार ताने, उलाहने और लाखों सवाल रोज़ रोज़ झेलते रहो।

इस छुट्टी को मैं महीनों से अपने नए काम की दिन रात की मेहनत के बाद एक बहुत ज़रूरी छुट्टी की तरह देख रही हूँ जहां आराम मिलने की उम्मीद है। शुरू में जो काम मज़ेदार लगा था वह रिमोट कंट्रोल्ड मिस्टर चाटू से लगातार मिल रहे एक के बाद एक शादियों को कवर करने आदेशों के कारण बहुत थकाने वाला हो गया है। इसके अलावा रन्नी सिंह के साथ सेटल हो जाने की लगातार मिल रही लगभग तयशुदा नसीहतों को झेलते रहने के साथ-साथ पिछले कुछ

हफ़्तों से लगातार शादियों का शानदार खाना खा-खाकर, अब एक और शादी के खाने का सोचकर भी मेरे पेट में गैस के गोले बनने शुरू हो जाते हैं। अभी मुझे सच में एक बदलाव की ज़रूरत है, बैंक्वेट हॉल वाली किसी और शादी की नहीं (और लेखन बिल्कुल उसी का प्रस्ताव दे रहा है), बल्कि पूरी तरह छुट्टी की, अपनी दुनिया में लौटने की।

मेरे मन में एक ख़्याल आया क्यों न मैं "द ग्रेट इंडियन वेडिंग" पर कुछ लिखूँ? लेकिन तुरंत ही मैंने उस ख़्याल को दफ़ा किया क्योंकि मैं जानती हूँ कि हमारी भव्य भारतीय शादियाँ पूरी एक किताब की दरकार रखती हैं, डायरी के एक पन्ने भर की नहीं।

शादियों पर कुछ और

मैंने परीकथा सी शादियों के बारे में सुना है, शाही शादियों के बारे में भी। लेकिन बादल पर शादी? यह सोचने को कुछ नया मसाला मिलने जैसा था। हम अपनी शादियों से कितना प्यार करते हैं। ऐसे भी लोग हैं, ख़ासकर सत्तर और उसके पार के लोग, वे शादी के लिए ही जीते हैं (दूसरों की) क्योंकि ख़ुद तो वे उस उम्र को पार कर चुके होते हैं जब वह शादी के बाज़ार में हॉट प्रॉपर्टी माने जाते थे।

इसलिए शादियाँ पूरी धूमधाम और स्टाइल से होनी चाहिए और चूंकि अब बॉलीवुड का तड़का भी इसमें घुलमिल गया है, हमारे पास प्राप्त करने के लिए कुछ बड़े भव्य बेंचमार्क सामने हैं। मुझे लगता है कि बॉलीवुड के चालाक दिगज्ज जिनके पास न कहानी है न भीड़ को खींच पाने वाले नाम कि कुछ मसाला जोड़ा सकें, वे जल्दी से कहानी में कुछ शादियां, कुछ शादी वाले गाने, और कुछ शादी के बाद वाले दृश्य जोड़ देते हैं ताकि पब्लिक को कुछ मसाला मिल सके। यह लिखते हुए मुझे बेचारे निर्देशकों के साथ पूरी सहानुभूति है, जिसे तीन घंटे की फिल्म बनाना लगातार मुश्किल हो रहा क्योंकि सभी कहानियाँ इस्तेमाल कर ली गयी हैं और लगातार छोटी होती गयी हैं। (वही पुरानी कहानी, लड़का लड़की से

मिलता है, वे प्यार में पड़ते हैं, शादी करते हैं फिर तलाक ले लेते हैं और फिर से दुबारा शादी करते हैं) सभी फिल्मों को इसी पाँच लाइन की कहानी में फिट करने के लिए खींचना पड़ता है। ऐसे में शादियाँ उनके बचाव के लिए आती हैं, और कितनी सुंदरता से। पुरानी फिल्मों में लड़के लड़की की मैच मेकिंग के दृश्य होते थे, उनके मिलने के कुछ शर्मीले दृश्य और उसके बाद ढेर सारी पूजा और रीति-रिवाज और अंत में जाकर ग्रैंड फ़िनाले हुआ करता था। परन्तु अब मामला थोड़ा अलग है क्योंकि लड़का लड़की से मिलता तो है लेकिन पहले वाले शर्मीले अंदाज में बिल्कुल नहीं। शादी से पहले और बाद में कुछ ज़ोरदार दृश्य होते हैं। लेकिन सबसे ज़रूरी बात यह कि शादी में कोई बदलाव नहीं है, चाहे कहानी कुछ भी हो। शादी का सेट पहले से अधिक भड़कीला हो जाता है। सिंपल लीला बुनसाली और कॉफी जौहर आदि सर्वोस्की, मिंपल मल्होत्रा और ऐसे ही बड़े नामों के गहनों कपड़ों से डिजाइनर लुक को पूरा करते हैं। हाँ, गाने और रूटीन डांस में कोई बदलाव नहीं होता।

और इन सब ने लोकप्रिय शादियों का एक पूरा उद्योग पैदा कर दिया है—डिज़ाइनर शादी, थीम शादी और जो भी आपको चाहिए। मेरा दिमाग भी रचनात्मक हो रहा है। बरबेरी थीम की शादी कैसी रहेगी जहाँ पंडाल, घोड़े, पंडित, मंडप, तोहफ़े सब प्रसिद्ध बरबेरी ब्रांड स्टाइल पर हों। क्या बरबेरी ब्रांड वाले लोग इस अद्भुत, क्रन्तिकारी आइडिया के लिए कुछ रॉयल्टी का सोचेंगे? अगर नहीं, तो शायद मुझे लिखना छोड़ देना चाहिए और बरबेरी थीम की शादियों के सेट तैयार करने में लगना चाहिए और बढ़िया रॉयल्टी लेनी चाहिए।

स्वरोस्की, रोलैक्स, साउथ सी पर्ल्स, शनैल्स और गुची के भड़कीले प्रदर्शन के अलावा वहाँ भोजन का भी कमाल का प्रदर्शन होना चाहिए। इससे मतलब नहीं कि खाने का स्वाद कैसा है, उसका प्रेजेंटेशन शानदार होना चाहिए। बैंक्वेट का आकार इतना बड़ा होना चाहिए कि अतिथि उसके बारे में दिनों तक बिना रुके बोलते रहें। खाने की इतनी मात्रा देखकर कोई यह सोच सकता है कि अतिथि बेहद भूखे रहे होंगे। लेकिन इतने भव्य भोजन की मेज़ों की व्यवस्था दरअसल

परिवार के लिए ही शान का विषय होती है। अपने आँखों के तारे के लिए पाँच सितारा बैंक्वेट का इंतज़ाम किया जाता है। मुझे आश्चर्य होता है कि हमारे मिस्टर तारे, शादी के दूल्हे में ऐसे कौन से सुर्खाब के पर लगे होते हैं, जो उन्हें इतना पाँच सितारा सम्मान दिया जाता है।

अब आते हैं मामले की तह तक यानी की इन खर्चीली शादियों का बिल कौन भरता है। इस बारे में कोई बात नहीं करता। यह एकदम गुप्त रखा जाने वाला लगभग वर्ज्य विषय है। यह मान लिया जाता है कि कोई, कहीं का बंदा (शायद दुल्हन के पिता या रिश्तेदार, मामा, मामी या लड़की की तरफ़ के सभी अतिथि इसमें शामिल होते हैं) होता है जिसके पास इतना पैसा होता है कि इस समारोह का खर्च उठा सके।

वहाँ मौजूद किसी भी आदमी का व्यवहार इस बात पर तय होता है कि वह किस पक्ष से है। दूल्हे (जोकि ज़ाहिर है कि श्रेष्ठतम होगा) के तरफ़ के लोग के अधिकार सबसे ऊपर होंगे इसलिए अतिथियों को भी नख़रे दिखाने की पूरी छूट होगी। वे कभी भी किसी ख़ास चीज़ की मांग कर सकते हैं। पराठा? नहीं, नहीं ये नहीं चलेगा। हमें आज पिज्जा चाहिए। वे किसी बिगड़ैल बच्चे की तरह पेश आ सकते हैं, नख़रे दिखाना कुछ इस हद तक कि पराठों की पूरी खेप बेकार जाएगी और ताज़ा पिज्जा सभी अतिथियों के लिए ऑर्डर किया जाएगा, उनके लिए भी जो आमंत्रित नहीं हैं। मुझे हमेशा लगता है कि किसी भी शादी में पैसों का इंतजाम करने वालों की ही तूती बोलती है लेकिन भारतीय शादी में सब कुछ हर हाल में अस्त-व्यस्त ही रहता है। और ये सारा झमेला सिर्फ़ इसलिए कि दो लोग बाक़ी की ज़िंदगी एक साथ सो सकें!

और लड़की के पिता, बिचारे इतने सहमे हुए कि बिना चूँ किए चुपचाप सारी मांगें मानते रहते हैं। अगर पैसे कम पड़ जाएँ तो रिश्तेदारों को सामने आना पड़ता है ताकि सभी सेब और खट्टे अंगूरों की मांगें पूरी हो सकें। सबसे ख़राब बात यह होती है कि आप इस सारे नाटक को नापसंद करें और उसका हिस्सा नहीं बनना चाहें, न पैसे देने वाला, न उसका इंतजाम करने वाला। लेकिन फिर

भी आपको ज़बरन या तो मांगने या देने के लिए तैयार कर ही लिया जाएगा।

इसलिए मैं यह प्रस्ताव देती हूँ, हालांकि इसके लिए मुझे गोली मारी जा सकती है, कि लोगों को थोड़ा अलग सोचना चाहिए।

इस बारे में सोचिए। हम भारतियों के पास हर उस समारोह का जिनसे हम प्यार करते हैं, एक आसान और बना बनाया फॉर्मेट तैयार है। हमारे बीच जो कुछ अधिक एडवेंचर पसंद होंगे, वे सिर्फ़ ख़्वाब ही नहीं देखेंगे बल्कि हवा में शादी कर भी सकते हैं, जेट में उड़ते हुए। (जी, बिलकुल असली बादलों पर) लेकिन कम जोख़िम पसंद लोग आभासी बादलों पर भी शादी कर सकते हैं।

उद्धमी वेब डिजाइनर और ब्राउन गेट् इस लाखों डॉलर के आइडिया को क्विक फिक्स प्रक्रिया द्वारा साकार कर सकते हैं। पूरा फॉर्मेट तैयार होगा और क्लाउड पर उपलब्ध होगा। डिजाइनर को बस इतना करना होगा कि दूल्हे और दुल्हन की तस्वीरें, दोस्त और रिश्तेदारों की तस्वीरों को वहाँ चिपकाना होगा। और लो बन गयी बात! क्लाउड बेस्ड शादी प्रकट हो जाएगी और दुनिया में कहीं भी देखी जा सकेगी। किसी भी रिश्तेदार को दूर-दराज से यात्रा कर समारोह में शामिल होने का कष्ट नहीं उठाना होगा।

यह शादी का सर्टिफिकेट भी तुरंत प्रिंट कर हाजिर कर देगा और मैरिज रजिस्ट्रार ऑफिस तक जाने की ज़रूरत नहीं होगी। और मौसम की भी चिंता करने की कोई ज़रूरत नहीं होगी। मौसम नम हो, हवादार या कि सूखा, शादी पर कोई आंच नहीं आएगी। क्लाउड के भी बढ़िया विकल्प मौजूद हैं-अमेज़न, गूगल आदि। जो भी क्लाउड चुना जाएगा, वह उसे भविष्य के लिए सुरक्षित रख सकेगा ताकि आने वाली पीढ़ियाँ इस महत्त्वपूर्ण दिन को देख सकें और इसके बारे में शान बघार सकें। बजाए इसके कि वह अपने पास रखी बार्बी गुड़िया और बेब्लेड की संख्या के बारे में डींग हाँकें, अब वे असली ऐतिहासिक चीज़ों के बारे प्रतियोगिता करेंगे जैसे, “मैं अभी अपने दादा की शादी से लौटा”, “अरे सच में क्या! मैं अभी आपने पापा की चाची की शादी से लौटा हूँ”।

इसके अलावा बोनस के तौर पर, कई सालों बाद लोग क्लाउड वेडिंग को पीछे की ओर प्ले कर सकेंगे ताकि वे ख़ुद को समारोह से जाते हुए, फिर से देख पाएंगे—बिल्कुल सब कुछ उलटा। यह शानदार नहीं है? संभावनाएं अनंत हैं। फिर हम क्यों नहीं क्लाउड शादी अपनाते, वे ज़्यादा आसान और सस्ते होंगे।

लेकिन फिर वही बात कि यह आइडिया भारत में नहीं बिकने वाला, जहां पैसा राजा है और दिखावा उसका सिंहासन। इसलिए शादी भी सिर्फ़ शादी नहीं है बल्कि धन, ताकत, सोने, हीरे और प्लैटिनम के गहनों, डिजाइनर कपड़ों, क्रिस्टल आदि-आदि का गंभीर प्रदर्शन है। यह सूची लंबी और लंबी होती जाती है। और कहाँ लोग अपनी प्यारी विरासत और काले धन के लाभ का प्रदर्शन कर पाएंगे? यहाँ तक कि मेरे अंदर का भी एक हिस्सा बार-बार शादी करना चाहता है ताकि मैं अपने नन्हें से धन का प्रदर्शन कर सकूँ। शर्त यही है कि शादी का बिल कोई और भरे और मैं रन्नी सिंह या किसी और आसानी से झांसे में फँसने वाले लड़के को फेरे के लिए तैयार कर सकूँ। क्या! मैं पक्का किसी वहम में पड़ गयी हूँ...शादी और रन्नी?

अचानक मुझे अपना आइडिया बेकार लगने लगा। यह उन लोगों के लिए कितना क्रूर होगा जो सिर्फ़ दूसरों की शादियाँ कराते रहते हैं या उनमें भाग लेते रहते हैं लेकिन ख़ुद जिन्हें शादी करने का मौक़ा नहीं मिलता। और उन नाना-नानी, दादा-दादी का क्या जो दूसरों की शादी देखने के लिए ज़िंदा रहते हैं। माफ़ कीजिएगा, यह एक मूर्खतापूर्ण आइडिया था जो मैं वापस लेती हूँ। शायद इसके बदले हम सब कुछ का वेबकास्ट और पॉडकास्ट तैयार कर लें। कम से कम आजकल हम परंपरा का तकनीक से बढ़िया मिलन तो करवा रहे हैं।

मेरे विचार से, क्लाउड बेस्ड शादी जो कि बहुत सस्ती होती, भारतीय लोगों को बहुत पसंद नहीं आएगी। मैं जेन-वाई (मिलेनियल) के बच्चों से एक ईमानदार अपील करना चाहती हूँ—कृपया अपने चुने गए साथी के साथ भाग जाओ और अपने बिचारे माता-पिता को द ग्रेट इंडियन वेडिंग आयोजित करने से बचा लो।

कम से कम उसे अटेण्ड करने के लिए की गयी यात्रा। इसकी शुरुआत हैदराबाद हवाई अड्डे के नए नामकरण से हुई- डॉ. जी पी रेड्डी हवाई अड्डा, शमशाबाद। शुक्रिया नाम बदलने के नए महान भारतीय तलब का जिसके कारण शहरों, सड़कों, पुलों, और हवाई अड्डे के नए दिमाग उड़ाने वाले नए नाम एक-एक कर सामने आ रहे हैं। हमारी फ्लाइट दरअसल हैदराबाद हवाई अड्डे पर उतरी ही नहीं। (पायलेट की सूची में हवाई अड्डे का नया नाम जुड़ा ही नहीं था) हम उसके बदले चेन्नई उतरे और वहाँ से दूसरी फ्लाइट से हैदराबाद पहुंचाए गए।

यह शादी वाक़ई यादगार थी

हम शादी में ठीक मुहूर्त और खाने के समय पहुंचे। मेरे ऑटो रिक्शा वाले दोस्त का शुक्रिया जिसका नाम कमल था। वह मेरी सजधज और वैवाहिक स्थिति में खूब दिलचस्पी ले रहा था। वह निर्दोष सवाल भी पूछ ही लिया उसने, "मैडम, आप शादीशुदा हैं? फिर से वही शादी वाला सवाल। इस 'शा' शब्द को सुन-सुनकर मैं इतनी पागल हो चुकी हूँ कि यह किसी का मर्डर करने के लिए भी काफ़ी है। लेकिन उस आरामदायक रिक्शा का शुक्रिया, मैं अब भी हँस रही हूँ और सिर्फ़ अपना सिर इधर-उधर हिला रही हूँ एकदम परंपरागत भारतीय अंदाज में जिसका मतलब हाँ या शायद न भी हो सकता है। उसे अनुमान लगाने दिया।

ऐसा लगता है कि शादी के साथ हमारी राष्ट्रीय व्यस्तता कभी ख़त्म नहीं होने वाली। ऑटोरिक्शा के लिए-हुर्राह! यह इतना तेज़ था कि उड़नखटोले को भी मात दे दे।

भारतीयों का

वैलेंटाइन्स डे

गुलाबी वैलेंटाइन्स डे

आज वैलेंटाइन डे है। मिस्टर चाटू और मैडम चाँदनी छुट्टी पर शायद अपने-अपने वैलेंटाइन को लुभाने निकल चुके हैं। मेरे दिन की शुरुआत ख़ूब जोश भरी और इस शानदार योजना के साथ हुई कि रन्नी सिंह के लिए एक दर्जन लाल गुलाब और गुलाबी वेलवेट हार्ट खरीदा जाए। मैं गुनगुनाती हुई—'रोज़ेस आर रेड, वायलट आर ब्लू, यू लव मी, आई लव यू टू', एकदम रिकॉर्ड टाइम में मार्केट पहुंची। दोस्ताना स्वभाव वाले जमाल के ऑटोरिक्शा में तेज़ आवाज़ में बजते बॉलीवुड गानों के साथ, जिसके स्पीकर्स जानबूझकर इस तरह रखे गए थे कि आवाज़ सीधे मेरे कानों में जाए।

बहुत अजीब बात थी कि बाज़ार में कहीं लाल गुलाब नहीं मिल रहे थे। ऐसा लग रहा था कि किसी तरह का बैन लगा है, आम बोलचाल की भाषा में कहें तो वैलेंटाइन डे या वी डे के खिलाफ़ कुछ स्वघोषित भारतीय संस्कृति के पहरेदारों द्वारा बंद का ऐलान किया गया। वे ख़ुद को बंदर सेना, या मंकी आर्मी बुलाते हैं। उनके हिसाब से वी डे हमारी भारतीय संस्कृति का हिस्सा नहीं है और बहुत सारे लोग पश्चिमी सभ्यता से यह सब उधार लेकर बहकते जा रहे हैं। ऐसे लोगों को एक बार कड़ी चेतावनी देना ज़रूरी है कि यह हमारी भारतीय सभ्यता नहीं है कि हम विपरीत जेंडर के लोगों को लुभाना चाहें, चाहे वह हमारा जीवनसाथी ही क्यों न हो। रिश्ते में पूजा करना या शर्मनाक बलात्कार उनके लिए शायद जायज़ है। कम से कम अख़बारों में ऐसे हादसों की ख़बरें पढ़कर तो ऐसा ही लगता है।

अच्छा, अब वी डे पर वापस आते हैं। यह लगभग तय था कि आज मुझे

गुलाबी दिल या लाल गुलाब से मिलता जुलता भी कुछ नहीं मिलने वाला था था क्योंकि सभी दुकानदारों ने बंदर सेना से मिली हिदायतों के बाद अपने-अपने शटर बंद किए हुए थे। इसलिए मैंने उसी ऑटोरिक्शा से ऑफिस जाने की सोची। जमाल का शुक्रिया कि जब कोई भी ऑटोरिक्शा वाला आज ख़तरा उठाने के लिए तैयार नहीं था, उसने यह ख़तरा उठाया बल्कि मेरे ऑफिस से लौटने तक रुकने का भी फैसला लिया ताकि मुझे घर पहुंचा सके। उसे मेरी ख़राब तक़दीर से सहानुभूति थी कि जब सबने अपनी दुकानें बंद कर रखी है, मुझे काम करना पड़ रहा है। उसने मुझे रिकॉर्ड समय में ऑफिस पहुंचाया। काश सब दिन ऐसे ही होते! इस सुनहरे दिन में बस एक ही स्याह बात थी कि अब मुझे मेरे वैलेंटाइन को विश करने और यह दिन मनाने का कोई नया तरीका खोजना होगा।

ऑफ़िस की औरतें, हमारी एक और वाउ टीम भी यही करने में जुटी थी। इस सारे आक्रमण से खिन्न और व्यक्तिगत स्वतन्त्रता को छिनते देख सुपर वुमेन थिंक टैंक कुछ बेहतरीन आईडिया पर काम कर रहा था। उनकी विद्रोही आत्मा को ललकारा गया था। वे ख़ुद को पिंक ब्रिगेड बुलाती थीं। उस पिंक ब्रिगेड की नेता, मिस किट्री कैट जो बीसेक साल की होगी और ऐसी ज़बरदस्त कर्व्स वाली कि किसी को ईर्ष्या हो जाए और आवाज़ ऐसी दमदार कि कोई भी डर से दुबक जाए, सक्रिय हो चुकी है। उसने एलान कर दिया है, "हम क्यों न गुलाबी का ही सहारा लें और अपने ब्रिगेड के अधिकारों पर खुल कर बोलें।"

बहुत सारे सिर हामी में जोश से हिले। कुछ और आइडिया आये कि हम अभी भी वैलेंटाइन डे के बाद का दिन कुछ विद्रोही तरीके से मना सकते हैं, कुछ अलहदा चीज़ों की मदद से जैसे पिंक चड्ढी। पिंक यानी गुलाबी चड्ढी के कई फ़ायदों पर रोशनी डाली जा सकती है। सबसे ज़रूरी बात यह है कि इस चीज़ को बैन नहीं किया जा सकता क्योंकि यह ज़रूरी सेवा एक्ट के प्रोटेक्शन और मेंटेनेंस के अंतर्गत आती है। इस आश्वस्तकारी तर्क के साथ कि पिंक चीज़ें वी डे का नया प्रतीक हैं, पिंक टीम की नेता द्वारा तीन विकल्प रखे गए हैं।

1. पी डे के लिए ड्रेस कोड– उसने एलान किया कि वी डे के बाद वाला दिन अब आधिकारिक रूप से पी डे की तरह मनाया जाएगा। पी से अर्थ पिंक और प्रोटेस्ट दोनों से है। जो भी इस प्रोटेस्ट में हिस्सा ले वह काली लियोटार्ड के

ऊपर पिंक चड्डी पहन सकता है। इससे सिर्फ उनका प्रोटेस्ट ही नहीं, उनका सुपरवुमेन स्टेट्स भी सामने आएगा। यह पिंक ब्रिगेड के ढलुआ और कामुक देह वालियों पर बहुत निखरेगा और उन्हें अपने छिपे खजाने को दिखाने का एक अप्रत्याशित मौका मिलेगा।

2. अपने वैलेंटाइन को पिंक चड्डी भेजा जाए जो कि कभी नहीं हारने वाले प्रेम का प्रतीक हो, जो किसी विरोध के सामने झुकेगा या टूटेगा नहीं। यह रोमियो जूलियट के मौत के समझौते की तरह अलहदा भी दिखेगा।

3. मंकी आर्मी के नेता को इस बार पिंक चड्डी भेजी जाए। कइयों ने यह पहले ही कर दिया है।

मुझे इन तीनों में से कोई एक विकल्प चुनना है। ज़ाहिर है, पहला वाला विकल्प बहुत लुभाने वाला है क्योंकि इसके साथ सुपर वुमेन स्टेट्स जुड़ा हुआ है। हालांकि मैं इसे अपनाने के लिए जितना साहस चाहिए वह नहीं जुटा पा रही थी। इसके लिए थोड़ी तर्कशीलता और एक ख़ास तरह के बॉडी टाइप की ज़रूरत थी। साथ ही यह भी तय था कि आप अपने कलीग्स और ऑटोरिक्शा वालों के ताने और मज़ाक का भी शिकार हो सकते हैं।

मैंने सुरक्षित खेलने की सोची। इस पुनीत काम में विश्वासघात न हो इसलिए एक विकल्प चुनना ज़रूरी था। मैंने वह चुना जिसमें सबसे कम ख़तरा लग रहा था। मुझे वह तीसरा विकल्प लगा क्योंकि इसमें संदिग्ध वस्तु के साथ कोई सीधा संबंध नहीं तय हो रहा था और मेरी गोपनीयता भी बरक़रार रहती।

मैं ऑटो से पोस्ट ऑफिस इतनी जल्दी पहुंची, जितने में कोई पिंक प्लीज़ बोलता है। जमाल हमेशा की तरह मेहरबान था और डाक विभाग की समयसीमा को समझते हुए, सबसे तेज़ रफ़्तार से ऑटो भगा रहा था। आखिरकार मैंने वह पिंक चीज़ पोस्ट बॉक्स में डाल दी और वह अपने लक्ष्य की ओर चल पड़ी, मंकी आर्मी के नेता के पास। मेरा काम पूरा हुआ।

15 फरवरी: पिंक डे

यह पिंक आइडिया तो जंगल की आग की तरह फैल चुका था। अख़बार और न्यूज़ इन ख़बरों से भरे पड़े थे कि किस तरह मिस्टर मंकी के पास डाक से आने वाली गुलाबी चड्डियों का अंबार लग गया है। अब इसमें शर्माने की क्या बात है। अपने दिमाग का इस्तेमाल करते हुए उन्होंने एक ईबे शॉप लगा दी है ताकि गुलाबी चड्डियों को रिसाइकल कर फिर से बेचा जा सके क्योंकि इनकी मांग बहुत बढ़ गयी है और वे कहीं उपलब्ध नहीं हैं। रिटेलर एयर ऑनलाइन शॉप वाले ख़ुशी से उछल रहे थे क्योंकि उनके सारे पिंक आइटम चौबीस घंटे से भी कम में शेल्फ से गायब हो चुके थे। यह एक ऐसा रिकॉर्ड था जो पहले कभी भारत के इतिहास में नहीं प्राप्त किया गया था। यह भी अटकलें लगाई जा रही थीं कि पिंक आइटम की अब काला बाज़ारी होगी, पिंक क्रांति आ गयी है।

मेरा दिन गुलाबी- गुलाबी हो उठा है और मैं इसका गुलाबीपन भरपूर जी रही हूँ। बस एक ही अफ़सोस है कि इस साल वैलेंटाइन पर मैं गुलाबी दिल या लाल गुलाब के बदले कुछ भी अलग नहीं कर सकी। रन्नी सिंह को कैन्डल लाइट वाले रूमानी डिनर से ही संतोष करना पड़ा, जिसपर बंदर सेना का ध्यान नहीं गया। रन्नी सिंह ने बाद में मुझे दिलासा दिया कि यह उसका सबसे बढ़िया वाला वैलेंटाइन डे तोहफ़ा था।

हम टैक्स देते हैं

टैक्स पर कुछ बातें

मार्च के आख़िरी दिन : साल का सबसे भयानक समय फिर आ गया है। मैं अपने टैक्स के कागज़ों के बीच डूब उतरा रही हूँ और जुगत लगा रही हूँ कि किस तरह टैक्स से कुछ राहत मिल जाए। अब तक जो समाचार मिल रहे हैं वह निश्चित ही बहुत रोचक हैं। चाँदनी मैडम की महान मूठभेड़ महानतम टैक्स अधिकारियों से हो रही है जिन्होंने उनपर गिफ्ट टैक्स के लिए भारी बिल लगाया है जबकि उनका गिफ्ट इतना भी बड़ा नहीं था (एक टीवी चैनल ही तो था, ये कितना बड़ा तोहफ़ा है?)। अख़बारों में रोज़ मल्टी नेशनल टैक्स युद्ध की ख़बरें आ रही हैं।

मैं पूरी रुचि के साथ दोनों युद्धों के बारे में पढ़ रही हूँ जो शायद इतिहास में वाटरलू के युद्ध के समान ही प्रसिद्ध होगा। टैक्स अधिकारी बहुत सालों से कुछ बड़ी मल्टी नेशनल कंपनियों से लाखों रुपए उगाहने की कोशिश में हैं और हर बार कहानी कुछ नए मोड़ ले लेती है, किसी थ्रिलर उपन्यास की तरह। अब तक इस कहानी के इतने पन्ने लिखे जा चुके हैं कि एक बढ़िया टैक्स बेस्टसेलर बन जाए लेकिन आज का कोर्ट का आदेश सच में सबसे ज़्यादा ध्यान खींचने वाला है। सुप्रीम कोर्ट ने कहा है कि टैक्स बदल सकता है लेकिन टैक्सेशन को वापस नहीं बदला जा सकता। सम्मानित जजों का बहुत शुक्रिया कि इस मामले का इतना आसान निबटारा किया। ज़रा से कॉमन सेंस की बात थी (जोकि आसानी ने नहीं मिलता) यह ज़रूर उत्सव मनाने वाली बात है, डायरी के लिए भी।

टैक्स पर कुछ विचार

मैं हमेशा सोचती हूँ मिस्टर टैक्स अधिकारी के लिए 'रेट्रोस्पेक्टिव' टैक्स का क्या मतलब होगा। क्या इसका मतलब यह कि एक दिन जब वह उठा और बाक़ी ऑफिस को अन्य मुद्दों पर ऊँघते पाया तो यह फैसला लिया कि टैक्स को घटाया नहीं जाएगा बल्कि और 'आर' टैक्स जोड़ा जाएगा (मुझे लगता अंग्रेज़ी के आर से ही रिग्रेसिव (प्रतिगामी) और रिपल्सिव (अप्रिय) इसे ज़्यादा सूट करता है) निर्दोष लोगों के लिए तब से लागू हुआ जब बाक़ी ऑफिस नींद में था। ये तीनों शब्द बिचारे मासूम, ईमानदार टैक्स देने वाले लोगों के लिए सबसे भयानक हैं, शायद नरक शब्द से भी ज़्यादा। टैक्स अधिकारी आपको वास्तव में वहाँ भेज सकते हैं, इस धरती पर रहते हुए भी आपका पूरा वजूद नर्क के अनुभव से गुज़र सकता है, अगर आप उनके हिट लिस्ट में आ गये तो।

वास्तविक जीवन में यह काम कैसे करता है? वे सब लोग जो जागे हुए हैं और अपना बिजनेस पूरी मेहनत से कर रहे हैं, अचानक एक दिन पाते हैं कि ठीक उनके पीछे एक तूफ़ान आने की तैयारी में है और कभी भी उनका वजूद उड़ा ले जा सकता है। ज़रा उस स्थिति की कल्पना कीजिये, आप अपनी नौकरी बदलते हैं, किसी बड़ी ज़िम्मेदारी को निभाने के लिए तैयार होते हैं जहां कि आपको लगता है कि सैलरी पैकेज भी ज़्यादा है। लेकिन यह क्या! आपने नौकरी जॉइन की और टैक्स अधिकारी आस्तीन चढ़ाने लगे और यह फैसला लिया कि वह कर्मचारी स्टॉक ऑप्शन जो आपने सालों पहले लिया था, उस पर भी उनके हिसाब से बढ़ा-चढ़ाकर टैक्स जारी किया जाए। अब आप क्या कर सकते हैं? अपने कहीं कमतर नेट पैकेज को ग्रहण करने के अलावा क्योंकि सकल शब्द सिर्फ एक छलावा है जो लालची टैक्स अधिकारियों को न्योता देने के अलावा कुछ नहीं करता। अब आपके पास बड़ी जिम्मेदारियाँ हैं, जिन्हें आपको नयी कंपनी में निभाना है और आप लड़ने के बजाए इन टैक्स देवताओं के सामने आत्म समर्पण करना चुनते हैं।

तो आपसे गलती कहाँ हुई? आपने कई ज्योतिषियों से नयी नौकरी लेने से पहले भविष्य के बारे में राय ली और सब कुछ ठीक लगा लेकिन आपने टैक्स ज्योतिषियों की सलाह नहीं ली। अब आपको इस भयानक गलती पर तो पछताना ही होगा। कितने बेवकूफ़ निकले आप कि आपको यह नहीं पता था कि नौकरी बदलने के सालों बाद भी आपका कार अलाउंस, कर्मचारी स्टॉक ऑप्शन और बाक़ी सब ज़रूरी चीज़ें (वे इसे सुविधाएं बुलाते हैं) पर दुगुनी दर से टैक्स लगेगा। वह भी उस समय से लागू होगा जब से आपने जॉइन किया था। आप खुद को यह कहकर दिलासा दे सकते हैं कि यह आपकी कॉर्पोरेट सामाजिक दायित्व के खाते में दिया गया योगदान है लेकिन जाएगा तो यह अप्रिय टैक्स कोष में ही।

मैं यहाँ अपने कंपन्सेशन प्लान को लेकर बैठी हूँ, कुछ हल निकालने की कोशिश कर रही हूँ। समस्या से निकलने के लिए पुल बना लेना ज़्यादा आसान है। किराए पर टैक्स में पूरी रियायत के लिए एच.आर.ए. (हाउस रेंट एलाउंस) कितना होना चाहिए? यह एक अनिश्चित घुमावदार स्थिति में फंसना था क्योंकि नियम भी समझ के बाहर थे। अगर मैं बेसिक पे बढ़ा देती हूँ तो रियायत बढ़ जाएगी लेकिन साथ ही घट भी जाएगी। एक्सेल शीट पर घंटों माथापच्ची के करने के बाद (एक्सेल भी घूम फिर कर वहीं लौट आता था, और उसने भी समर्पण कर दिया था) मैंने टैक्स अधिकारियों से थोड़ी अधिक रियायत की प्रार्थना करते हुए उन्हें यह पहेली सुलझाने का फॉर्मूला दिया।

सिर्फ़ यही पहेली नहीं, एल टी ए (लीव ट्रैवल एलाउंस), ड्रावर का वेतन और ऐसे ही अन्य कुछ भी उतने ही चुनौती भरे हैं। मोटर से शहर 'अ' की शहर 'ब' से निम्नतम दूरी कितनी है? बस उसी दूरी के लिए क्लेम किया जा सकता वह भी चार साल में सिर्फ़ दो बार (वे साल भी मिस्टर टैक्स अधिकारी द्वारा कहीं से भी चुने जा सकते हैं)

ये सभी चुनौतियाँ मिलकर कड़ी से कड़ी प्रतियोगी परीक्षा का गणित का प्रश्न पत्र बन सकती हैं, यहाँ तक कि आईआई टी संयुक्त प्रवेश परीक्षा का भी।

विशेषकर डायरेट टैक्स के नियम जो लोगों को और ज़्यादा चक्कर में डालते हैं। जो भी इसे समझ सकता हो, वह निस्संदेह जीनियस होगा। सबसे बड़ी बात हमें यह भी समझने की ज़रूरत है कि भविष्य में टैक्स के नियम क्या होंगे ताकि सारा हिसाब बाद में काम आ सके।

मैं जानती हूँ कि टैक्स देवताओं को इन सारी शिकायतों और उलाहनों को सुनकर बुरा लगता होगा। अच्छा होता अगर वह लोगों को पहले ही टैक्स ज्योतिषी के पास भेज दें जो कि यह अनुमान लगा कर बता सके कि अगले दो से बीस साल में, यहाँ तक कि मृत्यु के बाद भी टैक्स अधिकारियों का क्या रुख होगा। यह सोचना कितना अजीब है कि टैक्स अधिकारी लोगों का पीछा करते नर्क का दरवाज़ा खटखटा रहे हैं!

इस बात पर मुझे यह भी याद आया कि एच आर ने मुझे बताया था कि अतीत का प्रदर्शन भविष्य की गारंटी नहीं है। अब जबकि यह साफ है, उस वैधानिक चेतावनी के भी क्या मायने हैं, एक क्रिस्टल बॉल लाना होगा जो टैक्सेशन के भविष्य का पूर्वानुमान लगा सके। जो भी यह कर सकेगा, जीनियस होगा!

****

मैंने पूरा एहतियात बरतते हुए मिस्टर चाटू से कुछ देर की छुट्टी मांगी ताकि टैक्स के झंझटों से निबटने के लिए कुछ कीमती समय निकाल सकूँ, शुक्र है कि वह अच्छे मूड में थे और मेरे एक साधारण से सवाल, क्या मैं कुछ समय के लिए छुट्टी ले सकती हूँ का उन्होंने और भी सहज उत्तर दिया, हाँ आईना! यह मिस्टर चाटू के हिसाब से सचमुच असाधारण था जोकि इस सवाल के बदले ढेर सारे सवाल करते, क्यों, किसलिए, स्टोरी की डेडलाइन क्या है? आदि। जैसे कि सब कुछ मेरी उपस्थिति से ही चल रहा है। लेकिन इस बार शिकायत करने का कोई मौका नहीं मिला।

यह ट्रिप एकदम बाहर की तरह थी। मेरे दोस्ताना ऑटो रिक्शा वाले जमाल का शुक्रिया। वह गेट पर ही खड़ा था, युद्ध क्षेत्र में जाने के लिए बिल्कुल तैयार। ऐसा लग रहा था कि उसका एड्रेनालाईन हार्मोन आज कुछ ज़्यादा ही तेज़ चल रहा था क्योंकि वह लड़कियां देख कर आ रहा था, जिन्हें बॉलीवुड के नए ब्लॉक बस्टर्स में आइटम गर्ल के नाम से जाना जाता है। वह चौड़ी सड़कों पर सौ किलोमीटर की रफ़्तार से ऑटो दौड़ाते हुए, शीला की जवानी गुनगुना रहा था। मैंने अपनी धड़कनें संभाली लेकिन सारे कागज़ों को एक बार में आई टी अधिकारियों के पास पहुंचाने में सफल हुई।

प्रिय डायरी, चाँद टीवी का स्टॉक प्राइस भी लगातार चढ़ रहा है, कोई दो राय नहीं कि इसमें चाँदनी मैडम की चतुराई है। स्टॉक ऑप्शन ऊपर चढ़ते जा रहे। ऐसा लग रहा कि भाग्य की देवी फिर से मुस्कुरा रही है।

फ्लैट की ख़रीदारी

फ्लैट ख़रीदने के लिए

टैक्स की बात को अब किनारे रखते हैं, मुझे अपने रहने के लिए एक स्थायी जगह की ज़रूरत है। रन्नी सिंह जैसे मुश्किल बॉय फ्रेंड, जिसने सेटल होने से इंकार कर दिया है, के बाद मिस्टर चाटू ने स्वघोषित फ्रेंड, दार्शनिक, और गाइड की भूमिका अपने लिए तय कर ली है। सिर्फ़ एक बार ही नहीं, जब भी वह मुझसे मिलते हैं, बार-बार घोषणा करते हैं— 'आईना, अब तुम्हें शादी कर लेनी चाहिए (फिर वही शादी!) अपनी उम्र तो देखो, ओह हो! कम से कम एक घर ही खरीद लो, सेटल तो हो जाओगी!'

यह ज़रूर मैडम चाँदनी का प्रभाव था जिन्होंने अब तक बंगलुरु के आधे अपार्टमेंट खरीद लिए थे। चाँद टीवी के बढ़ते स्टॉक का शुक्रिया! जो भी हो, मैं भी लालची मकान मालिकों से थक चुकी थी किराया बढ़ाने या मकान खाली करने की धमकी देते ही रहते थे। अब यह समय की मांग थी कि मैं अपने लिए फ्लैट खरीदने का सोचूँ।

मैं अपार्टमेंट देखने निकली हूँ। अपने दोस्ताना ऑटोरिक्शा में शाहरुख के पोस्टर्स और बॉलीवुड गानों से घिरी हुई, ख़ूब ख़ुश हूँ। जमाल मुझे मन भरकर बॉलीवुड नये सेन्सेशन, हिट और फ्लॉप की कहानियाँ एक ही यात्रा में सुनाये जा रहा है। यह बंदा एक बार में ही बॉलीवुड नायक, खलनायक और हास्य अभिनेता तीनों का किरदार जीता है। जबकि मैं किसी सैनिक की तरह महसूस कर रही हूँ जो डाक से आए ढेर सारे भारी भरकम बुलेटिन से घिरा हुआ है। इनमें से किसे

चुनूँ, शायद सबसे चमकदार विज्ञापन को। मैं वहाँ जल्दी पहुँच गयी और शायद बिचारे सेल्समैन मिस्टर मधू को मेरे कारण अपना नाश्ता छोडना पड़ा। उस बंदे के लिए बुरा महसूस करते हुए मैंने सोचा कि जल्दी से इस मामले से निबट लूँगी।

मिस्टर मधू—(एक सुंदर पीली मुस्कान ओढ़े हुए) – गुड मॉर्निंग मैडम, स्वागत है!

आईना—हाय! मुझे कुछ फ्लैट देखना है।

मिस्टर मधू—सॉरी मैडम, हम फ्लैट में डील नहीं करते, हमारे मॉडल अपार्टमेंट में फ्लैट टीवी हैं।

आईना—नहीं फ्लैट से मेरा मतलब घर है।

मिस्टर मधू—सॉरी मैडम, हम घर एकदम नहीं रखते। हमारे पास विला, विलामेंट्स कोंडोमिनियम्स और कुछ अपार्टमेंट्स हैं (बटुए से हल्के लोगों के लिए)

आईना—कोंडो ....यह क्या है? मैं अपार्टमेंट देखना चाहूंगी। क्या आप मुझे दिखा सकते हैं?

मिस्टर मधू– ज़रूर मैडम। हमारे पास तीन साइज़ हैं, वन-बीएचके, 10,000 स्क्वायर फीट एरिया का, 20,000 स्क्वायर फिट का टू-बीएचके, और 30,000 स्क्वायर फिट का थ्री-बीएचके। आपको कौन सा चाहिए?

आईना—अरे यहाँ तो बहुत सारे विकल्प हैं! क्या मैं थ्री-बीएचके देख सकती हूँ?

मिस्टर मधू—ज़रूर मैडम। आपको तीन स्विमिंग पूल वाला चाहिए या दो? हमारे पास पूल और जकूजी का भी ऑप्शन है।

आईना—नहीं, मुझे अंदर कोई पूल नहीं चाहिए।

मिस्टर मधू—सॉरी मैडम लेकिन पूल तो अपार्टमेंट का हिस्सा है, अपार्टमेंट खरीदिए और पूल मुफ्त पाइए।

आईना—ओह, ऐसा है! ओके, हम वह देख लेते हैं जिसमें तीन पूल हैं।

फिर हम पाँचवी पंजिल पर गए (सीढ़ियों से, क्योंकि एलिवेटर तैयार नहीं है) और बिना प्लास्टर की दीवारों और पूल के लिए बने गड्ढों और बाक़ी सब देखा।

मिस्टर मधू—कैसा लगा मैडम? सॉरी थ्री-बीएचके का शो अपार्टमेंट अभी तैयार नहीं है, मैं आपको इसके बदले में टू-बीएचके का दिखा सकता हूँ। सब कुछ समान है, बस एक पूल कम है।

आईना– ओके, लेकिन मेगा फ्लैट की कीमत क्या है? थ्री-बीएचके मेरा मतलब है ....

मिस्टर मधू—मैडम, फ्लैट नहीं अपार्टमेंट।

आईना—ओके, अपार्टमेंट, क्या कीमत है?

मिस्टर मधू—पहले मुझे आपको पूरी योजना समझानी होगी। मैडम मैं आपको मल्टीमीडिया प्रेजेंटेशन में ले चलता हूँ। आपको वहाँ चाय, कॉफी, नाश्ता भी मुफ़्त में मिलेगा।

आईना—मुझे बस कीमत पता करनी है।

मिस्टर मधू—मैडम कंपनी की पॉलिसी है, आपको अटेण्ड करना होगा।

इस तरह हम मैनेजिंग डाइरेक्टर द्वारा किए गए तीस मिनट के प्रेजेंटेशन में बैठे।

स्कॉट ब्रिटेन ग्रुप (एसारबी) में आपका स्वागत है, जहां की गुणवत्ता की कोई तुलना नहीं है। हम इस देश के सर्वश्रेष्ठ बिल्डर हैं जो इस बिजनेस में पिछले दो गौरवशाली सालों, और 0.002 मिलियन स्क्वायर फीट के निर्माण क्षेत्र के साथ हैं। आप हमारा अपार्टमेंट खरीदिए और हम आपको एक शहर देंगे, वह भी बंगलुरु में बैठे हुए आप यूरोप, स्पेन और इटली में रह सकते हैं। कैसे? आप हमारे पच्चीस टावर के भव्य समूह से कोई भी सौ मंजिली टावर—मिलान, रोम

या वेनिस चुन सकते हैं जोकि बंगलुरु के दिल में दो एकड़ में फैला हुआ है। आपको ज़रूर यह महसूस होगा कि आप ताउम्र इटैलियन जीवन जी रहे हैं। सारे टॉप क्लास फिटिंग्स मारियो पूज़ो द्वारा डिजाइन किए गए हैं *(यह तो लेखक थे न, इंटीरियर डिजाइनर कब बने?)* और सिर्फ़ मार्बल, प्लैटिनम और जगुआर आदि से बने हैं।

चाय का घूंट भरते हुए मैं सोच रही हूँ, यह कीमत कब बताएँगे।

मिस्टर मधू—आपको कैसा लगा?

आईना—बहुत अच्छा और कीमत ...?

मिस्टर मधू—पहले सारी सुविधाएं सुनिए: स्काई पूल, रूफ टॉप लाउंज तीसरे फ्लोर पर। पांचवे फ्लोर पर सिस्मिक ब्लॉक, योगा गार्डेन, दसवें फ्लोर पर मिनी गोल्फ, सोलहवें फ्लोर पर सूर्यास्त देखने के लिए लाउंज, बीसवें फ्लोर पर वरिष्ठ नागरिकों के लिए पार्क। चौदहवें फ्लोर पर बच्चों का पार्क , पचासवें फ्लोर पर अंगूर का बागीचा, कमल ताल, लिली टैंक आदि, ओके?

आईना—मैं गोल्फ नहीं खेलती लेकिन ठीक है।

मिस्टर मधू—आपका बजट कितना है?

आईना—बीस लाख।

मिस्टर मधू– मुझे माफ़ करें मैडम, लेकिन हमारे वन-बीएचके की कीमत 2 करोड़ से शुरू है, टू-बीएचके पाँच करोड़ और थ्री-बीएचके दस करोड़ का है। देखिये मैडम, हम विश्व स्तर की सुविधाओं और फिटिंग के साथ टॉप एंड के अपार्टमेंट उपलब्ध कराते हैं जोकि मारिओ पूजो, अल पचीनो और सर्वश्रेष्ठ इटैलियन द्वारा डिजाइन किए जाते हैं। आपको एक राजसी जीवन दिलाने की गारंटी देते हैं। आप सिर्फ़ एक अपार्टमेंट नहीं खरीद रहे, आप भविष्य के लिए एक विरासत तैयार कर रहे हैं। आने वाली कई पीढ़ियाँ इसके लिए हमेशा शुक्रगुजार रहेंगी *(ज़रूर, एक बार क़ब्र में जाने के बाद जैसे मुझे तो*

इसकी बहुत चिंता रहेगी!) हम बहुत सुदृढ़ सिद्धांतों पर निर्माण करते हैं, ओके। *(ओह! मुझे लगा था कि आप कंक्रीट की नींव पर निर्माण करते। मैं कितनी गलत थी। नए जमाने की इमारतें तो स्वप्न किले हैं जोकि सिद्धांतों पर बनते हैं?)*

आईना—ओह डियर! आपने मुझे यह पहले क्यों नहीं बताया? आपके पास बीस लाख में कुछ उपलब्ध नहीं है?

मिस्टर मधू—सॉरी मैडम, यहाँ तो नहीं लेकिन हमारा एक सिस्टर कंसर्न है, उत्तर में, जहां इस बजट में आपको मिल जाएगा।

आईना—वह कहाँ है?

मिस्टर मधू– एक बहुत ही शांत जगह पर। उसका नाम सीरिनिटी पल्लाजियो स्पैनिया है। एकदम स्पेन के तर्ज पर बना हुआ जोकि बंगलुरु के आंतरिक इलाकों में राजसी स्पेन के जीवन का आनंद देगा।

आईना—इसका लोकेशन कहाँ है?

मिस्टर मधू—बंगलुरु हवाई अड्डे से सिर्फ़ 150 किलोमीटर दूर, बंगलुरु और हैदराबाद के बीच रास्ते में। बहुत बढ़िया लोकेशन है मैडम, हवाई अड्डे से सिर्फ़ बीस मिनट लगेंगे पहुँचने में।

आईना– लेकिन आपने कहा हैदराबाद और बंगलुरु के बीच रास्ते में।

मिस्टर मधू—हाँ मैडम, यह बंगलुरु और हैदराबाद के बीच में है। तीन सौ किलोमीटर प्रति घंटे कि रफ़्तार में जाने से सिर्फ़ आधे घंटे लगेंगे *(बंगलुरु की सड़कों के गड्ढों का सोचते हुए यह ज़रूर सपना देख रहा है।)*

आईना—हम्म, क्या यह तैयार है?

मिस्टर मधू—नहीं मैडम, अभी जमीन के लिए स्वीकृति लेने और उसे खरीदने की प्रक्रिया चल रही है। लेकिन यह आपके लिए अच्छा है। देखिये हम

प्री-लाँच फेज में हैं इसलिए आपको हर स्क्वायर फुट पर सौ रुपए का डिस्काउंट मिल जाएगा अगर आप अभी बुक कर लेंगी।

आईना—ओके, मुझे उसे देखना है।

मिस्टर मधू—अभी नहीं मैडम, अभी तो वह जंगल है, जहां आपको बहुत सारे पक्षी और जानवर मिलेंगे। तभी तो हम आपको सौ रुपए का डिस्काउंट दे रहे हैं।

आईना— *(उम्मीद खोते हुए)*—शुक्रिया, मैं आपको फोन करूँगी।

मिस्टर मधू—लेकिन, लेकिन मैडम सौ रुपए का डिस्काउंट!

आईना—अभी मेरे पास पैसे नहीं हैं।

मिस्टर मधू—कोई दिक्कत नहीं मैडम, हम आपके लिए कर्ज का बंदोबस्त कर देंगे। आपको सिर्फ़ साइन करना होगा।

आईना—सॉरी, योग का समय हो गया। मुझे जाना होगा। ***(मैं भागने में कामयाब रही)***

****

उफ़्फ़! मैंने अपनी भवों पर आ गया पसीना पोंछा और सारे चमकदार विज्ञापन वाले ब्रोशर से तौबा की। काश मैं इन सारे लोगों को मैडम चाँदनी के पास भेज सकती। वे अपने चैनल पर उनका कुछ विज्ञापन चलाने या चाँद टीवी के स्टॉक के बदले में उनके सारे फ्लैट या तो खरीद लेतीं या तोहफे में दे सकती थीं। चूंकि दोनों की ही कीमतें आसमान छूने वाली हैं, यह एक स्वर्ग में बनी जोड़ी साबित हो सकती है।

प्रधानमंत्री के नाम एक खुली चिट्ठी

क्या किस्मत है! मकान मालिक ने अपना मकान बेचने का फैसला लिया है। आखिरकार मैं एक फ्लैट ले पाऊँगी और मेरा अपने घर में रहने का सपना साकार होगा, यह सोच बहुत सुकूनदायक है। अब मैं आराम से बैठकर अख़बार पढ़ सकती हूँ। यह क्या है.....प्रधानमन्त्री ने घोषणा की है कि घूस देने वाले आम नागरिकों को गिरफ़्तार किया जाएगा। यह पता चला कि प्रधानमंत्री इस बात पर गहरा विश्वास रखते हैं कि घूस देने वालों के कारण चलन में है, लेने वालों के कारण नहीं। और इसलिए उन्होंने यह विचार किया है कि उन लोगों को सज़ा दी जाए जो रिश्वत देते हैं (उन्हें नहीं जो लेते हैं) ताकि रिश्वत संबंधी समस्याओं पर लगाम लगाई जा सके। क्या वे सच में इस बारे में गंभीर हैं?

सरजी, आपसे अनुरोध है कि अपने प्रधानमंत्री होने पर ही ध्यान दें और ऐसे सुबह के दिवास्वप्नों से अपनी और छवि न चमकाएँ। अगर आपको नहीं पता तो मैं बता दूँ कि इस घोषणा से मेरे घर खरीदने का सारा ख़्वाब धराशायी होते दिख रहा था। मुझे तुरंत उनके नाम एक चिट्ठी लिखने की ज़रूरत महसूस हुई।

प्रधानमन्त्री के नाम पत्र

प्रिय आदरणीय सम्माननीय प्रधानमंत्री जी,

मैंने अख़बार में आपकी रिश्वत के बारे में की गयी हालिया टिप्पणी को बहुत उत्साह और थोड़ी निराशा के साथ पढ़ा। आपने कहा है कि आप रिश्वत

देने वालों को सजा देने जा रहे हैं। प्रिय प्रधानमंत्री जी, आप आख़िरकार सोच क्या रहे हैं? उन बुरे नागरिकों को सज़ा देने की जोकि 'ईमानदार' अधिकारियों को अपने दुष्ट रिश्वत के विचारों से भ्रष्ट कर रहे हैं। कुछ भी हो, उन ईमानदार अधिकारियों को तो आम नागरिकों की बुरी दृष्टि से बचाना हो होगा जिनका लक्ष्य ही है दूसरों को भ्रष्ट करना।

कहना नहीं होगा कि हमें ऐसे दुष्ट नागरिकों को जड़ से उखाड़कर जर्मनी, स्पेन, यूनाइटेड किंगडम और बाक़ी पश्चिमी देशों में भेज देना चाहिए जहां वह खुला घूम सकें और उनके अधिकारियों को बर्बाद करें। हमारी धरती के ईमानदार अधिकारियों कृपया बख़्श दें।

मैं अब सपने में भी नये परिवर्तन के बारे में सोच रही हूँ। प्रिय डायरी, मेरे सबसे बुरे सपनों में से यह है कि तोमतीपुर, बंगलुरु के सब रजिस्ट्रार के दफ्तर में बैठी हूँ और उस फ्लैट की रजिस्ट्री कराने की कोशिश कर रही हूँ जिसे दो महीने से खरीदने में लगी हुई थी। मकान मालिक आख़िरकार राज़ी हो गए हैं और एक दिन के लिए बंगलुरु आ चुके हैं। मुझे उन्हें मनाने में काफ़ी मशक़्क़त करनी पड़ी है कि वह अपने अति व्यास्त मल्टी नेशनल कंपनी के बाबू वाली दिनचर्या से एक दिन का समय निकालें (सभी एमएनसी के बाबू, जिन्हें थोड़ा सँवार के एक्ज़क्यूटिव कहा जाता है, उन्हें दिन रात काम करना होता है, नहीं तो उन्हें उस फ़ैन्सी जॉब के लायक़ ही नहीं माना जाएगा।)

हमें सब रजिस्ट्रार का ऑफिस खोजने में एक घंटा लगा जो कि एक ढहती हुई इमरत में टूटी-फूटी कुर्सियों के साथ चल रहा था। बेकरी के पीछे एक बेनामी गली में स्थित इस ऑफिस के बाहर एक एक टूटा-फूटा सा बोर्ड लगा हुआ था, 'सब-रजिस्ट्रार ऑफिस', वह भी कन्नड़ में (इस जगह को कम मत आँकिए, यहाँ बड़े-बड़े सौदे होते हैं)। ख़ैर किसी तरह हम पहुँचे लेकिन यह सारे प्रयास उन मुश्किलों के सामने कुछ नहीं थे, जो अभी हमें झेलने बाक़ी थे। सब-रजिस्ट्रार ने उस प्रॉपर्टी को रजिस्टर करने से इंकार कर दिया। वह उस जगह का मुआयना करके देखना चाहता था कि वह अपना अस्तित्व रखती है। ब्रोकर, बिक्रीकर्ता

और मैं, तीनों क्रमशः हताश, भूखे-प्यासे और निराश हो चुके थे। ब्रोकर मेरे पास आया और शुद्ध तेलगू में मेरे काम में बुदबुदाया, 'मैडम, यह आज हो सकता है लेकिन आपको रिश्वत देनी होगी'। *शश ....रिश्वत शब्द कहाँ से आया!*

मैं धर्म संकट में आ गयी थी। चूंकि यह सौदा बिना रिश्वत के होने वाला नहीं था तो मैं समझ नहीं पा रही थी कि क्या करूँ! रिश्वत देकर जेल जाने का ख़तरा उठाऊँ या फिर किराये के घर में में ही रहती रहूँ या फिर अगली बार दुगुनी रिश्वत देकर उसी फ्लैट को दुगुनी कीमत में खरीदूँ?

प्रिय पीएम जी, क्या आप मुसीबत में फँसी इस निरीह लड़की की रक्षा के लिए आएंगे, जो कि सपने में भी इतने बड़े मँझधार में फँस गयी है।

अब सोचिए, मैं जिसके पास आईआईटी और आईआईआईएम की फ़ैन्सी डिग्री है, जब वह इस भँवर से निकलने का रास्ता नहीं तलाश पा रही तो सड़क पर खड़े फेरीवालों सब्जी/फल/ फ़ैन्सी सामान बेचने वालों की क्या दशा होगी। क्या वे हफ़्ता देकर जेल जाएँ या फिर अपना धंधा ही छोड़ दें। चूंकि आजकल लोगों के पास मोबाइल, पेन और स्पाई कैमरा होते हैं, कौन कब कहाँ क्या फिल्म बनाकर उसका इस्तेमाल कर ले, कोई ठिकाना है!

अगर यह सज़ा वाला नियम चल निकला तो पूरे देश की व्यवस्था ही उलट-पुलट हो जाएगी। यह पूरा देश जो अतिरिक्त चिकनाई से मज़े में चल रहा, एकदम पंगु हो जाएगा, क्योंकि ज़्यादातर लोग यह फैसला ही नहीं ले पाएंगे कि दानव (रिश्वत दें, धंधे का सोचें और जेल जाएँ) या अंधे समंदर (धंधा ही बंद) में से क्या चुनें!

अब प्रधानमन्त्री जी ज़रा आप अपने प्रस्ताव के नतीजों के बारे में सोचिए। क्या यह अच्छा नहीं होगा कि इस सारे रिश्वती मामले को नियमित कर दिया जाये ताकि दुष्ट नागरिकों के सामने किसी बुरे रास्ते पर जाने का कोई विकल्प ही न बचे। रिश्वत की उगाही करने वाले (ऐसा कहा जा सकता है) अधिकारी की पूरी दिनचर्या का हर एक मिनट दर्ज हो जिसमें हर लेन देन की पूरी राशि का हिसाब

रखा जाये। (जैसे पानी का बिल, बिजली बिल) हर लेन-देन के चपरासियों, मंत्रियों और बाबुओं का हिस्सा पहले ही तय हो। यही नहीं देवी-देवताओं को प्रसन्न करने के लिए चढ़ाई जाने वाली राशि भी पहले ही तय हो। ताकि धरती के लोग बिना बुरी, बेकार-सी चीज़ रिश्वत के चक्कर में पड़े अपना काम जारी रख सकें।

इससे संबन्धित हर अधिकारी का प्रदर्शन के हिसाब से इंसेंटिव तय हो जाए। जितना रिश्वत संग्रह, उतना बड़ा इंसेंटिव। सब ख़ुश रहेंगे क्योंकि उनको समय पर नियमानुसार पैसे मिल जाएँगे। साथ ही टैक्स विभाग को तो बहुत ही फ़ायदा होगा, क्योंकि रिश्वत पर लगने वाला टैक्स ख़ूब अधिक मात्रा में होगा। इस शृंखला की हर कड़ी से आया पैसा टैक्स कोष में जाएगा। तो सबसे बड़ी बात यह कि आपके पास पर्याप्त सरकारी इंसेंटिव भी होगा।

इससे अच्छा क्या होगा कि इससे हर आदमी के हिस्से आने वाली रकम का पूरा हिसाब रखा जाएगा और हालिया रिश्वत घोटालों जैसे कोलगेट और टू जी आदि घपले भी अतीत की चीज़ें हो जाएंगी। क्यों न इन चीजों को स्कीम का हिस्सा ही बना लिया जाए वैसे भी लोग वही पुराने घपले अख़बारों में पढ़-पढ़कर खासे बोर हो चुके हैं।

आप यह देखिए कि इससे कितने नए आंकड़े और कितनी नयी नौकरियों के अवसर बनेंगे, ख़ासकर एमएनसी के सलाहकारों की पूरी फ़ौज बन सकेगी (एमएनसी बाबू) जिनके पास फ़िलहाल भारत की गरीबी के स्तर को आँकने के अलावा कुछ बेहतर करने के लिए नहीं है। मैनेजमेंट सलाहकार रखे जा सकते हैं जो पूरी प्रक्रिया को कॉर्पोरेट जगत के अपने आधुनिक तरीकों से अत्याधुनिक बनाएँगे, रिश्वत की जमा होने वाली राशि का पूर्वानुमान लगाएंगे, उसमें आने वाले बदलाव, लक्ष्य, बजट आदि सबका हिसाब रखते हुए, कई तरह के जटिल एक्सेल शीट, चार्ट, पावर पॉइंट आदि बनाएँगे। इससे कई नयी नौकरियाँ बनेंगी जैसे रिश्वत के कानूनीकरण, मध्यस्थता, अभियोग और आंकड़ों से जुड़े कार्यों की। भारत इस तरह की रिश्वत उगाही के क्षेत्र में सिरमौर बन सकेगा और दूसरे देशों के लिए एक उदाहरण भी। (हमारे एकदम करीबी पड़ोसी मेरे जेहन में आ

रहे हैं) वे हमारे इस मॉडल का आसानी से अनुसरण कर सकेंगे।

अब आप कहिए यह रिश्वत लगाने का विचार बढ़िया नहीं है? बस आपको कोई आपके प्रमुख आर्थिक सलाहकार, प्रोफ़ेसर रूपी राजन जैसा कोई ज्ञानवान व्यक्ति चाहिए जो अपना दिमाग खंगालकर इसे कार्यान्वित करने के लिए अगली पंचवर्षी योजना तैयार कर सके।

सादर

आईना राव

****

एक तुरंत आई सोच; यह चिट्ठी मेरी डायरी से कभी बाहर नहीं जानी चाहिए या किसी को इस बारे में पता भी नहीं चलना चाहिए क्योंकि सरकारी कठपुतलियों—मिस्टर चाटू और मिस्टर चाँदनी को यह तनिक भी नहीं भाने वाली है। इसका तो ज़िक्र भी कहीं नहीं होना चाहिए, नहीं तो मिस्टर चाटू पूरी तरह चाट लिए जाएँगे। स्टॉक ऑप्शन से होने वाले छोटे से ही सही कुछ लाभ की आशा और प्रोमोशन की उम्मीद रखते हुए, मुझे भी शिकायत नहीं करनी चाहिए।

जनता की नज़र से

हाईलाइट — यह किसी भी राजनीतिक मुद्दे या पार्टी पर दिया गया कोई विचार नहीं है। मैं सभी पार्टियों और उनसे जुड़े लोगों का बहुत आदर करती हूँ। कृपया इसे गंभीरता से न लिया जाए।

मैंगोमैन पार्टी का इंटरव्यू

बेशक बढ़िया दिन! मैंगोमैन पार्टी बनी है; रिश्वत के विरुद्ध हुए हालिया विरोध का परिणाम। कुछ आम लोग साथ आए और उन्होंने आम आदमी के सम्मान में राजनीतिक पार्टी बनाई है, जिसके पीछे सहज विचार यही था कि विरोध को असली ताक़त में बदला जाए। यही वजह रही कि उन्होंने अपना नाम मैंगोमैन पार्टी रखा।

चाँद टीवी के स्पेशल रिपोर्टर के तौर पर, मुझे मैंगोमैन पार्टी की सभी गतिविधियों का विशेष कवरेज़ करने के लिए कहा गया था। रिमोट चालित मिस्टर चाटू के द्वारा यह मैडम चाँदनी का एकदम साफ़, हर हाल में पालन करने वाला आदेश था। इसलिए अब मैं अपने नये काम पर निकली हूँ, परम आदरणीय मैंगोमैन का इंटरव्यू लेने। उम्मीद करती हूँ कि यह प्रमोशन की सीढ़ी का पहला क़दम होगा। मैं ख़ुशी से उछल रही हूँ।

मैंगोमैन पार्टी का विशेष कवरेज़

गुड मॉर्निंग, मैं चाँद टीवी से आईना राव। आज हम नयी बनी मैंगोमैन पार्टी के प्रवक्ता मिस्टर रेडगारू का विशेष इंटरव्यू करने जा रहे हैं। हम बैंगलोर के आखिरी छोर पर स्थित एक हरे-भरे फलों के बागीचे में स्थित पार्टी मुख्यालय के लिए निकल चुके हैं। *(आउच! सही शब्द बंगलुरु है। यह बंगलुरु से सौ किलोमीटर दूर, बंगलुरु अंतर्राष्ट्रीय हवाई अड्डे की परिधि पर*

स्थित था। दुःखद रहा कि इस बार कोई ऐसा ऑटो वाला नहीं जो इतनी दूर जाने लायक साहसी होता। वे सब अपनी सीमा में ही क़ैद हैं जैसे कुत्ते अपना इलाका बना के चलते हैं। इस बार हमें टैक्सी से यात्रा करनी पड़ी, जमाल के हमेशा वाली ऑटो यात्रा से काफ़ी अलग, जिसका आनंद ही कुछ और होता है)

एक घंटे के लंबे सफर के बाद मैं पार्टी प्रवक्ता बड़बोले और दिखावा पसंद मिस्टर रेडगारू से मिलने पहुँच चुकी हूँ। मैं उनकी पार्टी के ऑफ़िस में बैठी इंटरव्यू शुरू होने का इंतज़ार कर रही हूँ।

आईना (रिपोर्टर)—गुड मॉर्निंग सर, मैंगोमैन पार्टी शुरू होने की बधाई! कृपया मुझे बताएं यह किस तरह औरों से अलग है?

मिस्टर रेडगारू, मैंगोमैन पार्टी के प्रवक्ता (थोड़े नाराज़ स्वर में) – इसका क्या मतलब है कि आप अलग कैसे हैं? हम अलग हैं।

आईना—हाँ, हाँ सर, मैं सहमत हूँ आपकी बात से लेकिन कैसे अलग हैं? हमारे दर्शक यह जानने के लिए बेताब हैं।

मिस्टर रेडगारू —बेकार सवाल है। क्या यह साफ़ नहीं है? मुझे बताइये क्या कोई और पार्टी है जिसका नाम एक फल और एक आदमी पर रखा गया है? आपके पास ऐसे राजनीतिक दल हैं जो फलों, यहाँ तक कि जानवरों को भी अपने लोगो की तरह इस्तेमाल करते हैं, लेकिन इससे वोटर को क्या? मायने यह रखता है कि वोटर एक आदमी है और उसका भोजन कहाँ से आ रहा है। इसलिए हमने दोनों को मिला दिया है। देखिए, हम लोगों के लिए सच्चे दिल से हैं। हमारी मैंगोमैन पार्टी है। अद्भुत है न यह?

आईना– बिल्कुल सर, लेकिन क्या आप अपने प्रतीक के चुनाव के बारे में विस्तार से बताएँगे? मेरा मतलब है, आम, यह कुछ ज़्यादा ही आम नहीं हो गया? आप भारत का नक़्शा चुन सकते थे।

मिस्टर रेडगारू—नहीं, नहीं इस नाम और प्रतीक के चुनाव के पीछे बहुत सोच लगी है। आप देखिए हमारी पार्टी में बहुत सारे पढ़ाकू दिमाग वाले हैं। हमने आईआईटियन्स को बुलाया और उन्होंने यह बेजोड़ नाम दिया है।

आईना—हाँ सर और उन्होंने यह कैसे किया?

मिस्टर रेडगारू—आजकल आईआईटियन्स टीवी शो बेचने के लिए कई तरह की फ़ैन्सी चीज़ें करते हैं, जिसे वो एनालिटिक्स बुलाते हैं। उन्होंने हमें बताया कि यह कैम्पेनगिरी और स्लोगनगिरी ठीक है, लेकिन अंत में सबसे ज़रूरी वोटर ही रहते हैं। आजकल क्या हो रहा है कि वोटर वोटिंग बूथ पर जाते हैं और कई तरह के प्रतीक देखते हैं जैसे बाघ, चीता, फूल, शरीर के अंग और कनफ्यूज़ हो जाते हैं। ब्रांड को याद रखना इतना भी आसान नहीं है। नहीं? इसलिए हमने गांव में एक बूथ कैंप लगवाया। ध्यान रखिए, हम ज़मीन से जुड़े लोग हैं: हम अपनी मीटिंग के लिए वहाँ जाते हैं, किसी फ़ैन्सी होटल में नहीं।

हमने इस बारे में ख़ूब मंथन किया और जब हमें बागीचे के ताज़ा आम खाने के लिए दिये गये तब हमें यह बात सूझी। भोजन ही हमारे दिमाग में सबसे ऊपर रहता है। सब्जियाँ पहले से ही हमारी चुनाव चिन्ह हैं, प्याज, बैंगन, पत्तागोभी सभी लिए जा चुके हैं। दाल-रोटी को दिखाना और बांटना आसान नहीं है। फिर क्या? आम कैसा रहेगा? यह फलों का राजा है, जिसका स्वाद अद्भुत है, कई तरह से इस्तेमाल हो सकता है.. आदि। हम आम की चटनी, अचार, पापड़ सब बना सकते हैं, सभी भारतीय इसे प्यार करते हैं। इसलिए आम क्यों नहीं?

आईना—सो इस रणनीति के तहत आप चुनाव से पहले आम बाँटेंगे?

मिस्टर रेडगारू—बिल्कुल। आजकल दिमाग में सबसे ऊपर बने रहना ज़रूरी है। और आम के साथ यह बहुत आसान हो जाता है, टीवी या पिक्चर से ज़्यादा बेहतर। हमारे पास आम होगा, आम की मिठाई, आम के ड्रिंक्स, आम का जैम, आम स्क्वैश आदि होगा। हमने अभी ही एक जाने माने मल्टीनेशनल शैंपू के ब्रांड मैनेजर को हायर किया है जो हमारे सभी उत्पादों पर काम करेगा, शुरुआत आम की जेली से होगी।

आईना—यह तो गजब का आइडिया है, मुझे आशा है यह ख़ूब चलेगा। आपको ख़ूब सारी शुभकामनाएँ सर।

मिस्टर रेडगारू—शुक्रिया।

****

मैं पड़ोस के ग्रॉसरी स्टोर पर रुककर आम के जैम, जेली, स्क्वैश आदि का एक हैम्पर लेती हूँ, उनका स्वाद वाकई अच्छा होता है। प्लान यह है कि डिनर के लिए आम का मेन्यू रखना है और उसके बाद रन्नी के साथ एक तूफ़ानी रात होगी। काम और जीवन दोनों रोचक होता जा रहा। सबसे बड़ी बात, चाँद टीवी की स्टॉक कीमत दिनोंदिन अच्छी होती जा रही है। मैंगोमैन पार्टी बहुत अच्छा विचार है। मैं आगे आने वाले 'मैंगो दिनों' को और ख़ुशनुमा होते देख पा रही हूँ।

मैंगोमैन कीआवाज़

मैं मुंबई जाने वाली सुबह की फ़्लाइट में बैठी हूँ। हवाई अड्डे पर उतरकर एक प्यारे से ऑटोरिक्शा में बैठकर असली वाले मैंगोमैन के इंटरव्यू के लिए जा रही हूँ—एक असली आम आदमी। ऑटोरिक्शा ड्राइवर हमेशा की तरह जिज्ञासु है, मेरे पारिवारिक इतिहास, भूगोल, काम और प्रेम तक के बारे में उसे सब कुछ जानना है और इस बात पर आश्चर्य भी कि मैं एक पत्रकार बनकर क्यों समय नष्ट कर रही हूँ; 'मैडम, आप नेता क्यों नहीं बनीं या कम से कम नेता की पत्नी ही बन जातीं? उन सभी भारत पर राज करने वाली औरतों को देखिये (उत्तर की वे पत्नियाँ और दक्षिण की नायिकाएँ) आपको भी वहाँ होना चाहिए'।

ज़रूर, मेरे प्रिय ऑटो वाले दोस्त, अगर तुम मुझे बस वहाँ समय से पहुँचने की इजाज़त दे दो ताकि मैं अपना इंटरव्यू समय से ख़त्म कर लूँ। उसके बाद शायद मैं तुम्हारे आइडिया पर सोचूँ और रन्नी सिंह को मना लूँ कि पहले वह राजनीति में आ जाए और फिर मुझे भी ले जाए।

आने वाले पल बहुत मज़ेदार होने वाले थे। पहले मैंगोमैन का इंटरव्यू- मिस्टर भट्टी का- जो मैडम चाँदनी के स्कूल के साथी भी हैं और यह बात वह बड़े शान से बताते हैं।

नयी पार्टी के लाँच की रिपोर्टिंग

आम आदमी को बधाई! अब आपके सम्मान में एक पूरी पार्टी है, सिर्फ़ स्लोगन या कार्टून्स नहीं (आर के लक्ष्मण और अन्य के द्वारा बनाये गये कार्टून्स जो आज़ादी के पचास साल बाद से चलन में हैं) यह आपके लिए सच में एक उपलब्धि है। अब हम आपको उस ख़ास जगह पर ले चलते हैं, जहां हम आम आदमी के बीच से आए मिस्टर मैंगोमैन का इंटरव्यू लेंगे, भारत के निर्वाचन के इतिहास में एक नया मील का पत्थर स्थापित करने के लिए। तो आइए मिलते हैं, आज के मैंगोमैन मिस्टर भट्टी से उनके घर में, और जानते हैं उनकी नयी बनी पार्टी मैंगोमैन पार्टी के बारे में।

आईना– गुड मॉर्निंग, कैसा महसूस हो रहा है?

मिस्टर भट्टी—महसूस? मुझे ठण्ड थोड़ी लग रही है। राजू एसी कम कर दो। ***(सहायक राजू ने भागकर एसी कम किया)***

आईना—मेरा मतलब है, आप मैंगोमैन पार्टी के बारे में क्या महसूस करते हैं?

मिस्टर भट्टी—हाँ, हाँ कब है पार्टी? कहाँ है? क्या अच्छी लड़कियां भी आ रही हैं?

आईना—नहीं सर, यह उस तरह की पार्टी नहीं है। यह एक नयी राजनैतिक पार्टी है।

मिस्टर भट्टी—ओह! आपने यह पहले क्यों नहीं बताया? आप रिपोर्टर भी न, बेवजह बाल की खाल निकालते रहते हैं। इसमें नया क्या है? नयी बोतल में पुरानी शराब। हा! हा! (अपने जोक पर हँसते हैं)

आईना- हम्म.... नयी बोतल में नयी शराब, मेरा मतलब है...

मिस्टर भट्टी—अच्छा, ठीक है। आज क्रिकेट का स्कोर क्या है? इंग्लैंड की तो अबतक धज्जियां उड़ गयी होंगी (उत्सुकता से टीवी खोलते हुए)

आईना—सर, सर कृपया मैंगोमैन पार्टी के बारे में अपने विचार कहें।

मिस्टर भट्टी—अभी नहीं, शशश। क्रिकेट का अंतिम ओवर है। मिसेज से बात कर लें। वह आपको बताएंगी। वह सब चीज़ों पर विचार रखती हैं। स्वीटहार्ट!

अम्मा—हाँ

मिस्टर भट्टी—नहीं, नहीं आप नहीं माँ .....मिसेज कहाँ हैं?

अम्मा—हाँ, हाँ। मै क्यों स्वीटहार्ट बनने लगी? वो नहीं थी इसलिए जवाब दिया।

मिस्टर भट्टी—नहीं माँ, मिसेज कहाँ हैं?

अम्मा मिसेज की निंदा में लग गयी थीं कि वह किस तरह से पार्टी में व्यस्त होंगी। वह उनके लाइफस्टाइल से खफ़ा हैं कि किस तरह दिन-रात पार्टियों में व्यस्त रहती हैं और घर की उन्हें कोई फ़िक्र ही नहीं है। फिर वह अपने समय का बखान करने लगीं कि किस तरह उनकी पीढ़ी घर के बाहर कदम नहीं निकालती थी और बेटे एवं परिवार के लिए बढ़िया व्यंजन पकाया करती थी।

मिस्टर भट्टी (जल्दी से बात बदलते हुए) – हाँ माँ, एक मिनट। मैडम, आप अम्मा का इंटरव्यू क्यों नहीं लेतीं। अम्मा, ये पत्रकार हैं, चाँद टीवी से। ये आपका इंटरव्यू लेंगी।

अम्मा इंटरव्यू का सुनकर ख़ूब उत्साह से भर जाती हैं। वह नहा कर नयी साड़ी पहनना चाहती हैं, जो उनकी दूसरी बहू ने पिछली दिवाली पर उन्हें उपहार में दिया है।

मैं मन में थोड़ा झुंझला रही हूँ और अम्मा से अनुरोध करती हूँ कि वह समय न व्यर्थ करें– 'अम्मा, आप इसमें अच्छी लग रही हैं। आपको साड़ी बदलने कि ज़रूरत नहीं है'।

अम्मा भी अपनी ज़िद पर अड़ी हैं। वह टिप टॉप दिखना चाहती हैं। वह मुझे आदेश देती हैं कि मैं बैठूँ, इंतज़ार करूँ और इस बीच में ख़ूब सारी चाय पीऊँ।

उन्हें बस दो मिनट लगेंगे, यह कहते हुए वह चली जाती हैं।

एक लंबा विराम।

थोड़ी देर बाद अम्मा दुबारा आती हैं– मैं कैसी लग रही हूँ?

आईना—सुंदर, अम्मा...मैंगोमैन के बारे में...

अम्मा—एक मिनट, अम्मा कौन है? मुझे रेखा बुलाओ। सरिता और मेरी बाकी दोस्त मुझे देखेंगी, मुझे एकदम चुस्त-दुरुस्त दिखना है।

आईना (स्थिति समझते हुए) – मैडम रेखा, आपने नयी मैंगोमैन पार्टी के बारे में तो सुना होगा।

अम्मा– कौन सी पार्टी? मैं किसी पार्टी में नहीं जाती, सिर्फ़ बहुएँ जाती हैं और मुझे नहीं ले जातीं। वे हमेशा कहती हैं ये ऑफिस की पार्टी है। जब उसके पिता ज़िंदा थे, मैं एकबार गयी थी...

आईना—नहीं नहीं मैडम, यह एक नयी राजनीतिक पार्टी है। राजनीति .... आप जानती हैं न....

अम्मा—हाँ, मैं राजनीति जानती हूँ। मैं भारत के पहले प्रधानमंत्री को जानती हूँ, मेरे पिता उनके साथ स्कूल में थे। तुम समझी, जब मेरे पिता छोटे थे....

आईना—बहुत अच्छी बात। तब तो आप राजनीति के बारे में अच्छे से समझती हैं। यह नयी राजनीतिक पार्टी, मैंगोमैन आपके लिए काम करेगी। आपको कैसा महसूस हो रहा है?

अम्मा—तुम्हारा मतलब है कि वे सही में मेरे लिए काम करेंगे जैसे सब्जियाँ काटना, फ़र्श साफ़ करना आदि? आजकल की काम वालियों का वैसे भी कोई भरोसा नहीं तो जो भी काम करे उसका स्वागत है। मुझे इस बारे में और बताओ...

आईना—हाँ लेकिन उस तरह से नहीं। वे देश के लिए, मेरे और आपके लिए काम करेंगे और दाल, आता, सब्जी का भाव कम करेंगे।

अम्मा—अच्छा, उस तरह से! बहुत बढ़िया। नाम क्या बताया तुमने?

आईना—मैंगोमैन...

अम्मा—ये कब खुल रहा है? कहाँ? खुलने के समय कुछ ऑफ़र भी होगा। मुझे वहाँ जल्दी पहुँचना होगा ताकि दूसरे सब सामान न खरीद ले जाएँ। बहुएँ क्यों पैसे बचाने के लिए भागेंगी, मुझे ही भागना पड़ेगा। (उठती हैं...)

आईना—कहाँ जा रही हैं?

अम्मा—सुपरमार्केट, जिसके बारे में तुमने अभी बताया। मैंगोमैन, कितना मज़ेदार नाम है। इसे मैंगोलेडी होना चाहिए। मर्द इस बारे में क्या जानते हैं? क्या प्रधानमंत्री इसका उदघाटन करने आ रहे हैं? चलो, चलो।

आईना—शुक्रिया मैडम!

अम्मा—अरे, कोई बात नहीं! तुम मेरे पोते-पोतियों का इंटरव्यू कर सकती हो। तरु, गीकू, जल्दी आओ। यह टीवी वाली आंटी हैं। ड्राइवर जल्दी करो। (चली जाती हैं)

तरु और गिकू अंदर आते हैं।

आईना—हलो तरु और गीकू।

बच्चे—हलो आंटी।

आईना—मेरा नाम आईना है। मैं चाँद टीवी की रिपोर्टर हूँ।

बच्चे—वाउ! क्या हम टीवी पर आ सकते हैं आंटी, प्लीज़, प्लीज़, प्लीज़!

आईना—ज़रूर लेकिन तुम्हें कुछ सवालों का जवाब देना होगा।

बच्चे—ज़रूर, टीवी आंटी। पूछिए।

आईना—तुम लोग मैंगोमैन के बारे में क्या जानते हो?

तरु—मुझे पता नहीं है (बहन को कुहनी मारता है) क्या यह रा-वन मूवी या रोबोट का अगला वर्ज़न है?

गीकू—वाउ! क्या यह साई-फ़िक है? क्या यह थ्री डी में है। अब मुझे फ़ोर डी चाहिए। थ्री डी अब बहुत पुराना है। यह कब आई?

आईना—बहुत जल्दी....

बच्चे (उत्साहित होकर) – आंटी, प्लीज़ हमें पास दीजिएगा। देखिए, हमने आपके सवालों का जवाब दे दिया है जबकि कल हमारा एग्ज़ाम है।

आईना—ज़रूर, शुक्रिया (थकी हुई, जाती है)

इंटरव्यू के बाद मैं सभी राजनीतिक प्रत्याशियों को एक पत्र लिखती हूँ।

प्रिय राजनीतिक प्रत्याशी,

आपने अभी मैंगोमैन की आवाज़ सुनी है। कृपया यह चीज़ें जल्दी शुरू करें-

1. मैंगोमैन के लाँच की एक भव्य पार्टी।
2. मैंगोमैन मैडम के लिए एक सुपरमार्केट
3. मैंगोमैन बच्चों के लिए एक फोर-डी फिल्म।

आभार

आईना राव

यह मैंगोमैन की धमाकेदार शुरुआत की बातें हैं, एकदम ब्लॉकबस्टर। क्या कोई सुन रहा है? मैं उत्सुक हूँ कि मेरा अगला मैंगोमैन असाइनमेंट क्या होने वाला है?

मैंगोमैन और जनता

मैं चिलचिलाती गर्मी में अभी भी आलीशान और सनकी मुंबई में भटक रही हूँ। हर दिन काम पहले से रोचक हो जाता है। मिस्टर चाटू के कहने पर आज की पोस्टिंग नैरावी-धारावी स्लम में हुई है, जो कि नैरावी-डॉग बिलिनेयर के यहाँ शूट होने के बाद प्रसिद्ध हो गया है।

हम नैरावी स्लम के मुहाने पर हैं जहाँ रहने वाली हज़ारों औरतों की भीड़ हज़ार स्क्वायर फीट की जगह पर मैंगोमैन राजनीतिक पार्टी के नेता मिस्टर अनमन को सुनने के लिए जमा है। सैकड़ों ऑटोरिक्शा बाहर लाइन से खड़े हैं और उनके ड्राइवर अंदर खड़े होने वाले तमाशे की एक झलक के लिए बेक़रार हैं। मुझे आज होटल लौटने के लिए ऑटो चुनने में आसानी होगी।

वहाँ बहुत कड़ी सुरक्षा है। बीच-बीच में एक लोकल दादा आकर औरतों को चुप कराता है जिनके पास सवालों की झड़ी है। तभी मिस्टर अनमन आते हैं....

औरतें—(भीड़ के बीच धक्कामुक्की करते हुए और चिल्लाते हुए)—ए हट रे, माला पहु दे, फोटो घेऊ दे, सरक सरक।

दादा—शश...चुप, हट, तायना बोलू दे।

मिस्टर अनमन—नमस्ते, सलाम वालेकुम, सत् श्री अकाल, आदि, आदि। आज हम यहाँ वादों के नए घोषणापत्र के साथ हैं। यह पार्टी जनता के लिए बनाई गयी है, यह आप सबके लिए है (पार्टी के लोग सीटियाँ बजते हैं) और हम आपको सड़कें, शिक्षा, स्वास्थ्य, पानी, शौचालय और सभी आधारभूत सुविधाएं दिलाएँगे। आपको इधर-उधर कहीं देखने की ज़रूरत नहीं है। हमारी पार्टी पूरी तरह आपके

लिए है, आपके द्वारा है। कृपया बताइए, क्या कोई और पार्टी आपको सुनने को भी तैयार है? हम नये हैं और हम सुनते हैं (एक बार जब हम पुराने हो जाएँगे तो हमें भी सुनाई देना बंद हो जाएगा। तब की बात और है। हम बस आपको किसी तरह ख़ुश करने के चक्कर में हैं)

दादा—अच्छा सरजी, आपने बहुत बोल लिया। मैं आपको बता दूँ कि यह दो सौ साल पुरानी झुग्गी है। ओके ना? हमें भाषण, शिक्षा और वह क्या कहा था आपने, पानी नहीं चाहिए। यहाँ पानी और शौचालय दोनों फ्री हैं, चारों तरफ़ गंदे नाले हैं। हमें कुछ नया दें, पुरानी चीज़ें नहीं।

मिस्टर अनमन—मुझे बताइए सर, आपको क्या चाहिए?

नीताबाई (साठ साल की औरत)—मैं बोलती हूँ। मुझे ऑस्कर अवार्ड चाहिए, ऐंड्रोइड, रोटी मेकर चाहिए, आप देंगे?)

मिस्टर अनमन—क्या?

दादा—मैं आपको समझाता हूँ सर। इनको नई तकनीक चाहिए, नए मोबाइल फोन, रोटी मेकर और बहुत कुछ। अब टीवी आदि भी पुराने हो गए हैं। पिछले साल पुरानी पार्टी ने हमें टीवी, मिक्सर, नोकिया फोन दिए थे। अब इन लोगों को कम से कम ऐंड्रोइड चाहिए। पिछली बार ऑस्कर जीतने वाली फिल्म यहाँ शूट हुई थी— नैरावी डॉग बिलिनेयर। अब ये लोग खुद और अपने बाल बच्चों को फिल्म में रोल चाहते हैं।

दादा और मिस्टर अनमन की गुपचुप बातचीत होती है।

मिस्टर अनमन—यह कैसे संभव है? आप मुझे पहले बता देते। हम नयी पार्टी हैं, आप जानते हैं। हमें पहले चुनाव जीतना है ताकि अपना खजाना भर सकें। अभी हमारे पास फंड नहीं है....

दादा– मैं वह संभाल सकता हूँ। पहली दस सीटें मेरे लोगों को दे दो। ओके? मैं संभाल लूँगा। तुम यहाँ फिल्म बनाओ। (पहले डॉक्यूमेंटरी कल से शुरू करो, बाकी चुनाव के बाद)

मिस्टर अनमन—ज़रूर मैडम, हम कल से यहाँ फिल्म शूट करेंगे—मैंगोमैन और नैरावी जनता। आप सबको रोल मिलेगा, ओके? एन्ड्रोइड और बाकी चीज़ें हम आपको चुनाव के बाद देंगे। अब ख़ुश हैं आप लोग? लेकिन आपको हमें वोट देने होगा।

औरतें—बहुत बढ़िया, चलो-चलो फिल्म के लिए तैयार होते हैं।

सब चले जाते हैं।

****

आहा! लगता है आम आदमी ने इस बार असली जादू की बूटी खोज निकाली है, लेकिन मैं थोड़ी परेशान हूँ। विशेष संवाददाता के टैग के साथ मुझे कुछ अलग और शानदार दिखाना होगा ताकि मिस्टर चाटू को ख़ुश कर सकूँ और अपना विशेष ओहदा बचा सकूँ। शायद मेरी जानी पहचानी ऑटो यात्रा के दौरान मुझे कुछ सूझ जाये और मैं कुछ नया निकाल लाऊं। मैं होटल पहुँचती हूँ और सरकार फिल्म के मधुर गाने सुनते हुए लिखने बैठती हूँ। कल खूबसूरत शहर बंगलुरु लौट जाऊँगी।

थिंक टैंकर्स से बातचीत

मैं बंगलुरु काम पर लौट गयी हूँ। इस बार चीज़ें मेरे दिमाग में उलझी हुई हैं। ऑटो यात्रा ने भी इस बार कोई मदद नहीं की। हमेशा की तरह मज़ेदार भी नहीं रही। ऑटो सड़क पर एक क्रेटरनुमा गड्ढे में फंस गयी और जमाल उसे निकालने के चक्कर में चीखता, गड्ढे को गालियां देता एकदम पागल सा हो गया। आख़िरकार वह ऑटोरिक्शा को गड्ढे से निकालने में कामयाब हुआ और फिर किसी इंजीनियर की तरह बारीकी से उसका परीक्षण करने लगा कि कोई नुकसान तो नहीं हुआ है। हालांकि उससे कुछ बदलने वाला नहीं था लेकिन मैं तमाम समय चिल्लाती रही, 'जमाल, मुझे जल्दी जाना है'। 'मैडम, बस थोड़ी देर और!'

एक बात मैं दावे के साथ कह सकती हूँ मर्दों के लिए ख़ासकर जमाल और रन्नी सिंह टाइप मर्द। भले ही मर्द 'मार्स' से हों और औरतें 'वीनस' से लेकिन उनका दिमाग कुछ मामलों में एक तरह से ही चलता है। मर्दों का मशीन के मामले में और औरतों का मेकअप में। मुझे इस बार सोच पाने के लिए कुछ ज़्यादा सांसरिक चीज़ों की ज़रूरत है।

मैंगोमैन सच में क्या चाहता है? कितनी घटनाएँ आस पास घट रही हैं—खाप पंचायत के फरमान, शादी की परिभाषा, पॉप समूह और सिनेमा पर बैन, फेसबुक पोस्ट के कारण जेल, ट्वीट पर विवाद, रिटेल में एफडीआई का मसला, पब जाने वालों पर संस्कृति रक्षकों का हमला। इस सब पर गहराई से सोचना चाहिए।

मिस्टर चाटू को दिया गया मेरा प्रस्ताव (दरअसल मैडम चाँदनी को मिस्टर चाटू के माध्यम से) क्यों न हम एक थिंक टैंकर सीरीज़ चलाएं ताकि मैंगोमैन के रहस्य के तह तक पहुँच सकें और उससे भी बड़े रहस्य जिसे इंडिया कहते हैं, उसे सुलझा सकें!

ग्रेट थिंक टैंकर्स से संवाद

आईना राव थिंक-टैंकर सीरीज़ का होस्ट करने में बहुत गौरव का अनुभव कर रही हैं और हर कोई इसमें शामिल होने के लिए आमंत्रित है। हमें जनता की सलाह और उससे संवाद की बहुत आवश्यकता है ताकि हम टास्क फ़ोर्स का गठन करके समाज के लिए नये नियम-कानूनों को परिभाषित कर सकें।

नीचे दिये गए विषय ज़्यादा महत्वपूर्ण हैं। आम नागरिक, स्वघोषित नेता, प्रतिनिधि, अधिकारी और विचारक सब आमंत्रित हैं। हर शहर में थिंक-टैंक स्थापित किए जाएंगे और विशेष रिपोर्ट सलाह के साथ आईना राव सरकार को सौंपी जाएगी। अगर थिंक-टैंकर में विचार जरूरत से ज़्यादा होकर बाहर बहने लगेंगे तो उन्हें पानी के टैंकर की तरह गर्मी में होने वाली पानी की कमी से निबटने के लिए इस्तेमाल किया जाएगा।

आईना राव को मिले शुरुआती विचार नीचे लिखे जा रहे हैं। सभी थिंक-टैंकर्स से अनुरोध है कि वे हमारे देश के कुछ प्रमुख मुद्दों के बारे में नियम, विस्तार से उनका समाधान और उनकी वरीयता तय करें।

1. **फिल्म :** सभी बैन विषयों को परिभाषित किया जाना चाहिए। इसके अंतर्गत धर्म, जाति, संप्रदाय, उम्र, सभी पेशे,जानवर। इतिहास और मिथक सभी आते हैं। फिल्म निर्माता यह विचार करें कि क्या छुट गया है और उन सभी चीज़ों जैसे जेंडर, भाषा, धर्म, सभी निर्जीव चीज़ें और पेड़ पौधों को भी शामिल करें।

2. **शादी :** सभी शादियों के होने से पहले ही उनका सम्मानीय/ असम्मानीय होना तय किया जाए। शादी तोड़ने और निभाने के नियम दो अलग जतियों,

दो अलग राज्यों, दो अलग धर्मों के लिए भी तय हों। *(यह बात रन्नी सिंह को दिए जाने वाले शादी के प्रस्ताव को शुरू होने से पहले ही ख़त्म कर देती है।)*

3. **अधिकार :**

- **बोलने का अधिकार :** सार्वजनिक स्थलों पर व्यर्थ के शोरगुल को छोडकर सभी शब्दों पर बैन लगना चाहिए। (कोई ढ़ोर-मवेशियों की तरह चिल्लाकर कर इस पर आपत्ति न करे)
- **गरिमा का अधिकार :** पितृसत्तात्मक समाज में औरतों को छोडकर यह सब पर लागू हो।
- **काम करने का अधिकार :** यह अधिकार होना चाहिए, भले ही करने के लिए काम ही न हो।
- **विवाद का अधिकार :** बिना वजह के विवाद खड़ा करने का अधिकार हो।
- **भूख का अधिकार :** भूखे रहने का अधिकार मिलना चाहिए।
- **कोचिंग क्लास का अधिकार :** शिक्षा की ज़रूरत नहीं है, हमें पालने से लेकर अर्थी तक सभी विषयों में कोचिंग क्लास लेने का अधिकार हो।
- **जोड़ने का अधिकार :** दो और दो को जोड़ने और कोई भी उत्तर देने का अधिकार हो।
- **अपनी बात कहने का अधिकार :** यह अधिकार हो कि अपने मन की बात ख़ुद तक ही रखी जाए।
- **जेल का अधिकार :** कोई भी शब्द बोलने या लिखने पर जेल में डालने का अधिकार हो *(आईना राव को इससे अलग रखा जाए।)*

4. **बाद में और मज़ेदार विषय इसमें जोड़े जा सकते हैं जैसे लोगों के आचरण संबंधी नियम। इसके अंदर ये बातें आ सकती हैं :**

- टेस्को, आइकिया आदि की शॉपिंग का अधिकार।
- पॉप समूह बनाने का अधिकार (औरतों के लिए बिल्कुल अनुमति न हो।)
- जंक कॉल करने का अधिकार (प्राइवेसी के अधिकार की ऐसी की तैसी)
- भारत और बाहर रहने वाले किसी भी आदमी की जान लेने संबंधी आदेश देने का अधिकार।
- लोगों को पब, बार और डिस्को से भगाने का अधिकार (यह भारतीय संस्कृति के विरुद्ध है।)
- जब और जिसका मन हो इन आचरण संबंधी नियमों को बदल सके।

5. **इस बारे में अपनी राय हमें thinktankers@ainarao.com पर इस सदी के अंत तक भेजें**।

****

थिंक-टैंक के इस आइडिया पर मिस्टर चाटू का रवैया एकदम ठंडा रहा क्योंकि वह कुछ नया नहीं करना चाहते। इसके पीछे कहीं न कहीं उनके मन में मैडम चाँदनी को नाराज़ न करने का भाव है। ख़ैर इस तरह से प्रस्ताव का अंत हुआ। जब तक इस आदमी के हाथ में पतवार है और मैंगोमैन पार्टी के सितारे भी बहुत बुलंद नहीं दिखते, यह तो तय है कि तरक्क़ी मिलने के आसार बिल्कुल नहीं हैं। इस आइडिया को लेकर कोई दवाब बनाने का भी मतलब नहीं बनता क्योंकि मिस्टर चाटू को नाराज़ करके कुछ हासिल नहीं होगा। इससे मुझे आगे स्टॉक में हिस्सा मिलने की संभावना भी ख़त्म हो जाएगी।

स्टॉक की कीमतें बढ़ती जा रही हैं और हर दिन वे और लुभावने होते जा रहे। अभी सावधानी से क़दम बढ़ाने की ज़रूरत है।

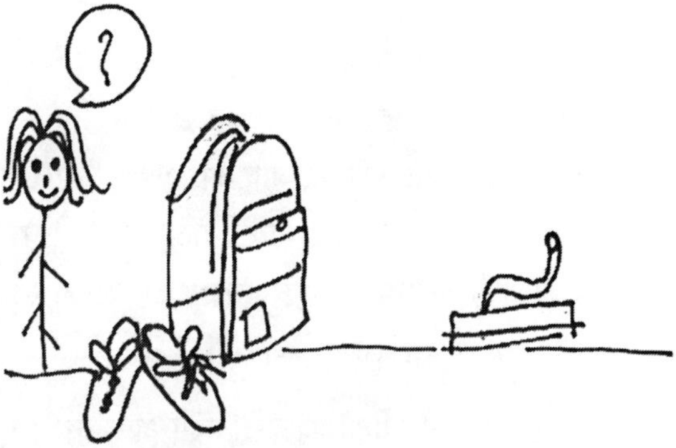

फिर से स्कूल में

कोचिंग क्लास और आई०आई०टी०

रन्नी सिंह के साथ एक छोटी सी छुट्टी राजस्थान में बिताने के बाद मैं एक और नये मज़ेदार काम के लिए बंगलुरु लौट गयी हूँ। बच्चों के स्कूल लौटने और राहत की साँस लेते माता पिता के चेहरों के बीच यह समय है कि उन स्वघोषित ई-ओलंपियाड कोचिंग क्लास की पड़ताल की जाए जो आईईटी सुपरस्टार, नोबल विजेता आदि बनाने का दावा करते हैं। ये सभी देवताओं के नामों पर आधारित हैं—रोमीदेवा सुपर टेक्नॉलॉजी क्लास, श्री एक्सदेवराय टेक्नॉलॉजी स्कूल आदि। मिथकों को नयी तकनीक के साथ मिलाना कितना कूल है!

आप यहाँ जाने पर ज़रूर ही देवताओं को याद करेंगे और उनकी सुपरनेचुरल उपलब्धियों को हॉल की दीवारों पर टंगा पाएंगे। पब्लिक के पास भी सवालों की भरमार थी जैसे सभी उनकी सफलता के बारे में जानने के लिए ज़रूरत से ज़्यादा उत्सुक हों। तो पेश है मेरी सफलता की सीक्रेट रेसेपी जोकि बहुत सारे मज़ेदार शोध और इन इन कोचिंग क्लास के संस्थापकों के साथ बातचीत के बाद निकाली गयी है।

माता-पिता के लिए एक नोट

कोचिंग क्लास का मुद्दा ऐसा है जो सबकी रुचि का है इसलिए इस पर लिखना ज़रूरी है। आम जनता, जिन्हें पैरेंट बुलाते हैं (किसी भी मायने में विधार्थी नहीं), जानने के लिए मरे जा रहे हैं कि यह कैसे काम करते हैं, ये किस तरह से अलग

हैं और भी बहुत कुछ। इसमें कोई दो राय नहीं कि वे कोचिंग संस्थान ख़ुद भी बहुत विज्ञापन करते हैं, जिससे उनके चाहने वालों की सूची लंबी होती जाती है। इतना कि वे प्रवेश परीक्षाओं की एक शृंखला चला देते हैं (सॉरी फिल्टरेशन टेस्ट) लेकिन मैं यहाँ उनकी मार्केटिंग करने का नहीं सोच रही, वह दूसरा विषय है। लेकिन मैं यह जानने को उत्सुक हूँ कि किस तरह रैंक में आने वाले लोग विज्ञापन के लिए लाये जा सकते हैं, ठीक उसी तरह जैसे कोई इंजीनियरिंग सीट।

तो कोचिंग क्लास या कैंप में होता क्या है? सबसे पहले, कोचिंग क्लास के कई प्रकार हैं, जो हर उस व्यक्ति के लिए भी उपलब्ध हैं, जिसने परीक्षा के पहले चरण के टोल-गेट को सफलतापूर्वक पास कर लिया है और साइंस, सोशल साइंस, आदि जैसे असमान विषयों में बढ़िया स्कोर किया है। लेकिन अचानक, माता-पिता (बच्चों को नहीं, जो ऐसी छोटी-छोटी बातों से परेशान नहीं होते) को एहसास होता है कि उनके पालतुओं को गियर बदलना होगा और आईआईटी के दर्रे में प्रवेश करने का थोड़ा सा भी अवसर बने, इसके लिए अपनी योग्यता बढ़ानी होगी; यह 'गैर-योग्य' श्रेणी का कोई भी हो सकता, जिसे कभी-कभी जनरल या जनरल मेरिट भी कहा जाता है, शायद इसे रेलवे कोच के जेनरल डिब्बे से अलग करने के लिए।

इस तरह उपयुक्त कोचिंग की तलाश शुरू होती है। पहला प्रकार, अर्थात् परोस की क्लास, इसलिए ख़ारिज़ हो जाती है क्योंकि यह किसी भी उल्लेखनीय रिज़ल्ट का दावा नहीं करती है। तो केवल वे जो ख़ूब बेहतर विज्ञापन करते हैं, जिनकी देश भर में उपस्थिति है, उन पर विचार किया जा सकता है। तलाश जारी रहती है। कुछ को माता-पिता द्वारा अस्वीकार कर दिया जाता है क्योंकि उनका रिज़ल्ट बहुत उल्लेखनीय नहीं रहता, जबकि कुछ क्लास बच्चे को ही योग्य नहीं होने के कारण अस्वीकार करते हैं।

फिर इंटिग्रेटेड ई-टेक्नॉलॉजी कोचिंग क्लास हैं, जिनका नाम विभिन्न देवी-देवताओं के नाम पर एकदम नए ढंग से रखा गया है। ये अपने होम टाउन में सौ

साल के कोचिंग और सफ़लता अनुभव की एक मजबूत विरासत के साथ आते हैं, जिसके बारे में वहाँ के स्टाफ लगातार याद दिलाना पसंद करते हैं। सौभाग्य से, बेंगलुरु के लिए नये होने के कारण, वे विस्तार के घातक मोड़ में हैं, जिनकी दो शाखाएं हर सड़क और गली में खुल रही हैं। वे अभी अपने दाख़िले के बारे में बहुत ज्यादा नखरे नहीं करते हैं। तो एक सिंगल चेक के साथ विधार्थी अंदर। यह तो अंदर जाकर पता लगता है कि यहाँ केवल अंदर आने एक रास्ता है लेकिन बाहर निकलने का कोई रास्ता नहीं है; क्योंकि ये प्रसिद्ध क्लास अपने छात्रों के को जकड़ लेते हैं, जब तक वे पास होकर बाहर नहीं निकल जाते।

और फिर शुरू होता है असली मज़ा। मुझे लगता है कि यहाँ पढ़ाई के मामले में कुछ भी नया नहीं है। स्कूल और इनमें जो अंतर हैं-

1. उनके पास कोई खेल का मैदान नहीं है।
2. वे बेकार की बातचीत की अनुमति नहीं देते हैं।

मुझे अंदर जाने की अनुमति नहीं है, मैं केवल यह अनुमान लगा सकती हूं कि अंदर का दृश्य किसी नाजी कैंप जैसा दिखता है, जिसमें सप्ताह में टर्मिनेशन की की कार्यवाही की जाती है, कठोर परीक्षा के आधार पर।

मुख्य अंतर हालांकि व्यवस्था का है, या इसकी कमी है, इसलिए बुनियादी सामान जैसे कि टेबल, कुर्सियाँ, बेंच, पानी, पंखे, लाइट और बस आदि की मांग करना बहुत ज़्यादा मांगना है। बच्चों को वैसे भी उनकी आवश्यकता क्यों होगी? ऐसा माना जाता है कि वे किसी प्रकार की तपस्या (निर्वाण अवस्था) में हैं, सांसारिक मांगों से अप्रभावित, अध्ययन में व्यस्त हैं। ऐसा दावा करते हैं कि वे उत्कृष्ट और सफल आंतरिक नीति के आधार पर संचालित हैं, जो बस मौजूद नहीं होती है। इसलिए जब भी छात्रों को किसी भी चीज़ की आवश्यकता होती है, जैसे फीस के भुगतान का पता लगाना, बस इन्वोइस, रूट्स, कैलेंडर, छुट्टियां, पीटीएम शेड्यूल आदि तो हर प्रक्रिया को एकदम आरंभ से शुरू करना पड़ता है। कुछ भी लिखने की आवश्यकता नहीं है; सब कुछ विधार्थियों को अपने दिमाग

में रखना होता है। जहां फ़िजिक्स, केमेस्ट्री, मैथ्स, बायोलॉजी का पूरा सिलेबस और इसी तरह के सभी विषयों को रटने के बाद जहां पर्याप्त जगह बची होती है।

और इसतरह सब कुछ चलता रहता है। मैं भी इस बारे में बहुत कुछ कहती रह सकती हूँ लेकिन अब मुझे जाना होगा। मैं अब आपको ई-कोचिंग कॉन्सेप्ट के एकीकरण के पूरे ब्योरे के साथ छोड़ रही हूँ । आप निश्चित रूप से इससे वार्म-अप होंगे और इसकी ओर लपकेंगे। जैसा अभी तक बहुत से लोग करते आए हैं और बहुत से लोग करेंगे।

****

आज के लिए कोचिंग क्लास पर बहुत हो गया; ऐसा लगता है कि मैंने एक दिन में पूरे साल के सिलेबस को समेट लिया है, और अब मैं परीक्षापत्र लिखने के लिए तैयार हूं। लेकिन वापस आने के लिए बहुत सारे मज़ेदार काम हैं, और एक मिस्टर चाटू भी हैं जिन्हें संभालना है।

आई० आई० टी० सिलेबस पर फिर से एक नजर

बहुत सारे विवाद जारी हैं। सुबह का नाश्ता बहुत मज़ेदार हो गया है। शिक्षा कवरेज निश्चित रूप से मजेदार है! मंत्रालय सभी इंजीनियरिंग पाठ्यक्रमों के लिए एकल प्रवेश परीक्षा की मांग कर रहा है लेकिन आईआईटी सहयोग करने से इनकार कर रहे हैं। क्यों है यह सारा हंगामा? इसके अलावा आईआईटी अपनी फीस में 80 फीसदी तक की बढ़ोतरी का प्रस्ताव रख रहे हैं। यह एक बड़ा झटका है। माता-पिता, ध्यान दें; आईआईटी बेहतर, बेहतर शिक्षा। मैंगोमन पार्टी सभी माता-पिता की ओर से विरोध कर रही है। उन्होंने हर चीज़ में दखल दी हुई है, तो यह क्यों नहीं?

मैडम चाँदनी प्राइमटाइम कवरेज चाहती हैं। मैं आईआईटी के निदेशकों के साथ अगला शो होस्ट करने की तैयारी कर रही हूं। जो यह नहीं जानते कि वहाँ उन्हें जनता द्वारा ज़बरदस्त रगड़ा जाएगा, कम आँच पर पकाया और भुना जाएगा। यह निश्चित रूप से अधिक सोच-विचार की मांग करता है, इसलिए आईआईटी शो के लिए नए विचारों की खोज में मैं ड्राइंग बोर्ड लेकर बैठ गयी हूँ।

आई॰आई॰टी॰ पाठ्यक्रम पर विचार

मेरा हमेशा से मानना रहा है कि आईआईटी को ऊपर से नीचे तक कायापलट की ज़रूरत है, खासकर मेरे वहां से निकलने के बाद। वह एक पूरा सिस्टम (सिस्टम,

भारतीय शैली) है। मेरा मतलब प्रोफेसर और ऐसे किसी भी व्यक्ति से नहीं है, जो विंटेज वाइन की तरह है। उन्हें छूने की जरूरत नहीं है; उनकी उम्र जितनी अधिक होगी, उतना ही अच्छा होगा। लेकिन सिस्टम, कैंपस, पेंट, हॉस्टल, मेस, और विशेष रूप से सिलेबस पर बात होनी चाहिए। आईआईटी अपने खजाने में जो अतिरिक्त पैसा जोड़ रहे हैं, उसके साथ वे और क्या कर सकते हैं? उन्हें ख़ुद की कायापलट करने की जरूरत है।

अब इनके पूर्व छात्रों को ही देखें। जबकि 80% से अधिक ग्रैजुएट साबुन, चॉकलेट और बालों का तेल बेचने या किताबें लिखने लगे हैं, इससे अधिक इनपुट और आउटपुट के बीच आया अंतर कैसे समझ आएगा? अगर पानी बोरवेल, या नल आता है, तो रिवर मैकेनिक्स का सिद्धांत क्यों रटा जाए?

मैंने वर्षों पहले के अपने नोट्स पलटे। वे सुन कर ही तैयार किए गए थे फिर भी उन्होंने प्रतिष्ठित स्थानों में जो पढ़ाया जाता है उसकी एक उचित तस्वीर दी। हो सकता है कि अब उनके पास नई बोतलों में पुरानी शराब की तरह लुभावने कोर्स के नाम हों, लेकिन मेरे दोस्त मुझे बताते हैं कि सब कुछ पहले जैसा है।

मुझे आश्चर्य होता है कि छात्रों को अभी भी एप्लाइड मैकेनिक्स, केमिस्ट्री और स्ट्रक्चरल डिज़ाइन रटकर अपने दिमाग के 'ग्रे मैटर' पर भयंकर अत्याचार क्यों करना! समय की मांग है कि माता-पिता का भारी निवेश कम से कम समय में वसूल हो जाए। इसलिए, सबसे अच्छी रणनीति यह हो सकती है कि पहले पूरे पाठ्यक्रम की फिर से जांच की जाए। शरीर की स्वच्छता और लड़कियों से कैसे बर्ताव करना है जैसे विषयों के लिए क्रेडिट शामिल करने के लिए अनिवार्य पाठ्यक्रमों को पूरी तरह से बदला जाए; ये वो बुनियादी बातें हैं जिनके बारे में मैंने पाया कि चार साल के अध्ययन के बाद भी विधार्थी इन्हें नहीं सीख सके थे।

सामान्य विचार यह है कि अनिवार्य पाठ्यक्रमों को पूरी तरह से बदल दिया जाना चाहिए, कुछ ऐच्छिक जोड़ना और इंजीनियरिंग में कुछ पाठ्यक्रमों को खत्म करना, डिग्री और आसमान छूती फीस दोनों के साथ न्याय करना है।

मेरा आदर्श पाठ्यक्रम कुछ इस तरह है :

1. **अनिवार्य विषय:**

- **दाँत साफ़ करना (मोतियों जैसे दाँतों की देखभाल):** वे मेरे डेन्टिस्ट को गेस्ट फ़ैकल्टी की तरह रख सकते हैं, वे इसे पढ़ाने के लिए सबसे उपयुक्त होंगे और कई तरह के मल्टी मीडिया प्रेजेंटेशन द्वारा दाँतों की कैविटी और ब्रश करने के तरीकों के बारे में बता सकेंगे। कुछ महंगे डेंटल ट्रीटमेंट और दाँत निकालने के उपचार के बाद यह सफलता पूरा होगा और फीस भी निकल जाएगी।

- **लड़कियों को किस तरह प्रभावित किया जाये:** ख़ासकर उनके सामने जुबान बंद हो जाने से कैसे निबटा जाए। 'आई लव यू' की कौन कहे, लड़कियों के सामने कुछ भी न बोल पाना-इससे बुरा आखिर क्या हो सकता है।

- **छवि निर्माण:** प्लेसमेंट के दिन कैसे कपड़े पहनें ताकि इंटरव्यूअर आपके वश में आ जाए।

- **केमेस्ट्री:** सही वाली केमेस्ट्री, जो होने वाले जीवनसाथी की खोज में मदद करे।

- **मानव मनोविज्ञान:** आश्चर्य है कि आईआईटी दिल्ली के पास यह कोर्स है। इसलिए कहती हूँ कि यह चलता रहे। यह अब तक का सबसे उपयोगी कोर्स है।

- **घर प्रबंधन:** बर्तन धोना, वॉशिंग मशीन में कपड़े डालना और निकालना और कई तरह की मरम्मत। बस उनकी हल्की-फुल्की जानकारी, बहुत विस्तार में नहीं।

- **खाना पकाना:** इसके अंदर मैगी नूडल को छोड़कर सब आता है। यह एक बेहद ज़रूरी स्किल है, जो विशेषकर आईआईटी छोड़ने के बाद बाद विदेशी धरती पर काम आता है।

- **साबुन और शैंपू बेचना:** इसका सिर्फ़ शुरुआती प्रशिक्षण ही मिलना चाहिए। इसकी विशेष पढ़ाई मैनेजमेंट कॉलेज वाले करा देते हैं।

- **सफल लेखक बनना:** पल्प स्टोरी कैसे लिखें, सबसे ज़रूरी उसे छापने के लिए प्रकाशक को कैसे तैयार करें।

2. **वैकल्पिक:** कुछ बातें याद रखनी ज़रूरी है-

- **स्व उद्द्यम:** सभी ऑनलाइन कामों पर विशेष ध्यान रहे। आईआईटी के पूर्व छात्रों द्वारा ऑनलाइन वेंचर्स जैसे फ्लिपकार्ट आदि उपक्रमों की हर साल हो रही शुरुआत देखते हुए, इससे उपयोगी और क्या हो सकता है?

- **वीज़ा के नियम-कानून:** यह देश के अनुसार होना चाहिए, जिस देश में बसने का लक्ष्य रखा गया हो।

- **एनआरआई नियम:** यह ग्रैजुएशान करने के तुरंत बाद बहुत काम आता है। साथ ही विदेशी धरती पर बसने के कायदे भी बताए जाएँ।

- **एमबीए कॉलेज:** इसपर ज़ोर होना चाहिए कि एमबीए कॉलेज में कैसे प्रवेश मिले। सबसे ज़रूरी कि एमबीए कॉलेज से आसानी से निकलें कैसे, और अगर संभव हो तो उसी समय अपना जीवन साथी भी खोज लें।

3. और अंत में कम से कम एक इंजीनियरिंग कोर्स ऐसा हो जो डिग्री के साथ न्याय करता हो। रीवर मकैनिक्स, सॉइल इंजीनियरिंग, अप्लाइड मेकैनिक्स, इलेक्ट्रोनिक्स, थर्मोडायनेमिक्स आदि कोई भी चुनाव हो सकता है।

मैं उम्मीद करती हूँ कि नए पाठ्यक्रम को पूरी संजीदगी से तैयार कर आईआईटी के निदेशक फीस के बारे में विवाद नहीं करेंगे और नए पाठ्यक्रम को जल्द लागू करेंगे। नहीं तो यही होगा कि और पैसे व्यर्थ जाएंगे। चूंकि अब इसे रोकना संभव नहीं है, बहुत सारे विधार्थियों पर आईआईटी का जादू चढ़ चुका है, मैं कोशिश करूंगी कि कल के शो में आईआईटी के निदेशकों से यह विचार साझा करूँ।

****

डियर डायरी, मैं कल के शो के लिए अपनी तैयारी को लेकर बहुत उत्साहित हूँ। ऊपर से जमाल ने आज मुझे गजब यात्रा करायी। वह बहुत ही गर्व से अपनी मरम्मत की हुई, बिल्कुल नए कलेवर में ढली ऑटो को दिखाता हुआ मुझे रिकॉर्ड समय में घर पहुंचा गया है। साथ ही शहर में लगी सभी फिल्मों का उसने एक खाका भी साथ खींच दिया। ऐसा लगता है जैसे रन्नी सिंह से एक बार की मुलाक़ात में ही वह ख़ूब प्रभावित हो गया है। और कैसे! एक हफ़्ते के अंदर उसने गर्लफ्रेंड खोजकर उसे हर दिन ख़ुद के साथ फिल्म देखने के लिए राज़ी कर लिया हालांकि चुपके से ही। ऐसा लग रहा है कि उसका प्रेम प्रस्ताव रंग ल रहा है, लड़की मान रही है। उसकी सफलता देखकर मेरा मन ख़ूब खिल गया है। मैं कल फिल्म देखने जाने की योजना बना रही हूँ। डरावने थ्रिलर से लेकर कॉमिक फिल्मों तक के कई विकल्प हैं। लेकिन *'कौन कब कहाँ कैसे'* ने मेरा ध्यान खींचा है। इसलिए मैं रन्नी सिंह के कजिंस, अमरीका में जन्म लेने वाले कन्फ़्यूज्ड देसी लोगों के साथ के के के के देखने निकल पड़ी हूँ। बॉलीवुड मैं आ रही हूँ।

बॉलीवुड में

आइटम

मैं नई बॉलीवुड फिल्म कौन कहाँ कब कैसे देखने जा रही हूँ। जमाल के साथ ऑटो यात्रा हमेशा की तरह मज़ेदार है। हम चार लोग (मैं, रन्नी सिंह, उसके कजिंस) पीछे की तीन सीटों पर धँसे हुए हैं। जमाल ऑटो। यह मज़ेदार है! हम ठीक ट्रेलर के समय पहुंचे हैं। जमाल की बॉलीवुड अभिनेत्रियों और अपनी ज़िंदगी के नए प्रेम के बारे में लगातार चलते भाषण ने रास्ते के भारी ट्रैफिक के बीच हमारा ख़ूब मनोरंजन किया। मुझे बताया गया है कि यह फिल्म पैसा वसूल है लेकिन किसी ने यह नहीं बताया कि यहाँ एक के साथ एक फ्री का स्कीम है। फिल्म देखो और सरदर्द फ्री में पाओ। लेकिन फिल्म का नहीं मिस किया जाने वाला हिस्सा आइटम है, जिसपर एक छोटा सा आलेख लिखना ज़रूरी है।

आइटम नंबर पर

मुझे लगता था आइटम कोई चीज़ है, जब तक मुझे इसके बारे में पता नहीं लग गया। अगर आप 90 के दशक में मुंबई के आसपास रहे हों, तो आपने यह वाक्य ज़रूर सुना होगा, 'क्या आइटम है'। आप तब लड़की छेड़ने के इल्ज़ाम में जेल भी जा सकते थे, अगर आपने तब यह बात कही होती। तब से अब तक यह शब्द बहुत गलत अर्थ में इस्तेमाल किया जाने लगा है कि क्या ही विचित्र प्राणी है और जब औरतों की बात हो तो कई और मतलब निकाले जा सकते हैं। लेकिन 'क्या आइटम है' अब बहुत आदर पा चुका है और सुपर स्टार हीरो और

हीरोइन तक आइटम नंबर करने के लिए बेताब हैं। यह समझना थोड़ा मुश्किल है कि कैसे एक पूरी बॉलीवुड फिल्म (लगभग तीन घंटे या ज़्यादा की) सिर्फ़ एक आइटम नंबर के कंधे पर सवार होकर चल जाती है!

मैंने लंबे समय से कोई बॉलीवुड फिल्म थियेटर में नहीं देखी। (बोरिंग, दुखी मैं) बहुत सारा एक्शन मिस करने के बाद मैंने अनुमान लगाया कि ज़्यादातर दर्शक अपने आईपॉड, आईस्टिक्स आदि में व्यस्त होते होंगे और उसी पुराने, बासी प्लॉट को नज़रअंदाज़ कर रहे होंगे(लड़की लड़के से मिलती है, ढिशुम ढिशुम आदि) जब तक गर्मा-गरम आइटम नंबर की बारी नहीं आ जाए। और फिर जैसे ही मसालेदार गाना और संगीत हॉल में गूँजता है और इशारों वाला डांस शुरू होता है, सबका ध्यान उस पर चला जाता है। सीटियाँ बजने लगती हैं, लार टपकाने वाले और पैसा फेंकने वाले सभी मुग्ध भाव से एकदम बंध जाते हैं। काश कि यह दृश्य बस चलता रहता। जो भी हो लार टपकाने वालों का पैसा अच्छे से निकल गया, पैसा वसूल फिल्म।

इस तरह आइटम लगातार चलते रहते हैं, और कई नये फिल्मी चेहरे और करियर इसी से लाँच होते हैं जैसे कोई रॉकेट स्पेस में जाता हो। इससे कम नहीं होता इसका महत्त्व। यह किसी को भी बॉलीवुड की गैलेक्सी में बहुत अच्छे से लाँच करता है और बिलकुल भी हानिकारक नहीं है। क्योंकि कम से कम यह थर्ड ग्रेड फिल्मों तक जाने लायक किसी को बर्बाद नहीं होने देता, और जनता से इज्ज़त भी मिलती रहती है।

मैंने एनआरआई कजिंस को आइटम के बारे में समझाने की कोशिश की, जोकि लगभग एक दशक बाद इंडिया घूमने आते हैं और इतने समय के बाद उन्हें बिल्कुल अलग तस्वीर मिलती है। बेचारे! ख़ैर यह रही आइटम कि परिभाषा, जो कि ऑक्सफोर्ड डिक्शनरी में शामिल किए जाने लायक है:

आइटम नंबर (संज्ञा) – *आइटम नंबर एक इवेंट है ज़्यादातर इसमें गाना और नृत्य होता है जिसका बॉलीवुड फिल्म की कहानी से कोई मतलब नहीं होता। इसे बेहद कम कपड़ों में प्रदर्शित किया*

जाता है लेकिन जिसका प्रभाव अधिकतम होता है।

मूल— 21वीं सदी का बॉलीवुड, कैबेरे का सीक्व्ल

पर्यायवाची—एटम—एक बहुत छोटा पदार्थ जिसकी क्षमता अत्यधिक होती है।

****

ऑक्सफोर्ड, मैं आज यहाँ अपने आइटम के साथ हूँ। कल से नीरस सोमवार के रूटीन में वापस चली जाऊँगी।

वापस काम पर

बॉस को धिक्कार

मैं अपने मज़ेदार ऑटो ट्रिप के साथ हमेशा की तरह काम पर लौट गयी हूँ। जमाल की कहानी में बहुत मोड़ और घुमाव आ गए हैं। उसके साथ चोरी छिपे मिलने के कारण लड़की को दिक्कत हो गयी है। किसी शक्की पड़ोसी ने उन्हें साथ फिल्म देखते देख लिया और रसदार कहानी बनाकर उसके घर वालों को सुना दी। उसके घर वाले तब तक जमाल के बारे में नहीं जानते थे। अब स्थिति थोड़ी मुश्किल हो गयी है क्योंकि लड़की को घर में कैद कर लिया गया है और जमाल अपने प्यार के लिए तड़प रहा है।

वह मुझसे पूछता है, मैडम अब क्या करें? उससे कैसे मिलें? किसी दुखहरण आंटी की तरह मुझे इस मामले की तह तक जाना चाहिए और सोचना चाहिए कि प्रेम पीड़ित जोड़े को मैं क्या सलाह दूँ! 'शायद जाकर एक और बॉलीवुड फिल्म देख लो और अपने दुख भूल जाओ'। लेकिन तभी बॉलीवुड के बारे में सोचते हुए मेरे दिमाग में एक ज़ोरदार आइडिया आया। कैसा रहे कि एकदम सच्चे बॉलीवुड स्टाइल में जमाल अपने होने वाले ससुराल के दिल जीता, बहुत प्रसिद्ध फिल्म *दिल वाले दुल्हनिया ले जाएँगे* (DDLJ) के शाहरुख खान की तरह। चूंकि उन्होंने अभी जमाल को देखा नहीं है तो यह आइडिया चल सकता है। 'अब यह तुम पर है, मेरे दोस्त'। मैं उसे ख्यालों में डूबा छोड़ आती हूँ कि वह किस तरह उनका दिल जीतेगा।

ऑफिस में बहुत नाटक हो रहा है। मिस्टर चाटू ने मैडम चाँदनी से आज्ञा न लेने का भयंकर पाप कर दिया। उन्होंने उनका यह आदेश नहीं माना कि सब कुछ पहले पूछा जाए और ख़बर सीधे जनता के सामने रख दिया। ज़ाहिर था चैनल की भलाई के लिए उन्हें जाना ही था और इस तरह चाटू कथा का अंत हुआ।

और इस तरह नए बॉस का आना हुआ, मिस्टर राजा चाटा। उनकी प्रसिद्धि उनसे पहले आ गयी है। वह हाँ हाँ मैडम टाइप हैं और सबको रिझा लेने वाले व्यक्ति हैं। पहले वाले बॉस से एक बात उनकी भी मिलती है, चाटू फैक्टर की। चाटने की क्षमता इनकी भी कम नहीं है, पूरा मक्खन लगाना जानते हैं। इस जगह पर काम करने के लिए वैसे भी यही सबसे बड़ा गुण है। हम और उम्मीद भी क्या कर सकते हैं सिवा इसके कि सभी 'चाटू उच्च पदों पर हों।

मेरे लिए प्रोमोशन की कोई उम्मीद नहीं है जब तक मैं अपना नाम और ब्रांड नहीं बदल लूँ। शायद इस कॉर्पोरेट चूहा दौड़ में आगे रहने के लिए मिस चटनी नाम चलेगा। कोई आइडिया नहीं कि यह नया बॉस कैसा है। उम्मीद करती हूँ कि पहले दोनों बॉस से अलग हो जो आए और तुरंत निकल लिए। बाद के दोनों मज़ेदार थे इसलिए यादगार बन गए हैं। वह मेरी याद में ऐसे अंकित हो गए हैं कि यह आलेख भी मैं उनकी कुख्याति को ही समर्पित कर रही हूँ। मुझे सपने में वह मुझे धिक्कारते ही दिखे हैं इसलिए उन्हें असली जीवन में धिक्कारने का बढ़िया मौका है यह दो चरित्र मिस्टर चाटू और उनके पहले आए मिस्टर जातू, प्रसिद्ध कार्टून कैरेक्टर थॉमसन और थॉम्प्सन की तरह एक दूसरे के प्रतिद्वंदी कहे जा सकते हैं। वे साथ काम करते थे और खूब गंभीर दिखते थे और अपने काम को बहुत भाव भी देते थे। उन दोनों के साथ काम बीते चार साल में काम करने का अनुभव ही इस आलेख को लिखने के पीछे कि प्रेरणा है।

बॉस पर विचार

बहुत बार मुझे समझ नहीं आता कि कंपनी में बॉस नामक जीव होता ही क्यों है। उसकी ज़रूरत क्या है? आश्चर्य है कि छोटी से छोटी कंपनी में भी यह

दुष्ट प्राणी मौजूद ही रहता है। मुझे समझ नहीं आता कि उनका काम क्या है। शायद यह कि वे घूम घूम कर बॉसगिरि झाड़ते रहें। एक कारण यह हो सकता कि वे इसलिए पाये जाते हैं ताकि अपना महत्व बताते रह सकें और कभी कभार छुट्टी की अनुमति दे दें लेकिन ज़्यादातर वे बेकार के कारणों के कारण छुट्टियाँ रद्द कर सकें।

बॉस बहुत मांग में रहते हैं क्योंकि वे बहुत आसानी से दुगुना काम, तिगुनी गुणवत्ता के साथ आधी कीमत में करने की मांग रख सकते हैं। अच्छा, फिर ये बात वे ख़ुद पर लागू क्यों नहीं करते। उन्हें हटाया जाये और उनकी जगह किसी और को बिठाया जाये। कोई भी भी आधी कीमत पर वह काम अच्छे से कर सकता है।

वे इसलिए भी होते हैं कि बहुत सारे बजट को काट सकें, जैसे यात्रा, भोजन, भत्ता, सुविधाएं और वेतन भी। वे यह मानते हैं कि सभी मानव हवा पीकर जीते हैं और उन्हें छोड़कर किसी को वेतन की ज़रूरत नहीं है। चूंकि उनका प्रमुख काम काटना है इसलिए पिछले जन्म में वो ज़रूर नाई रहे होंगे। कोई नया टतरीका जानने में अक्षम ये नीचे से वेतन काटते रहते हैं। समय के साथ उनकी यह कटाई इतनी हास्यास्पद हो जाती है कि कभी कभी सिर्फ़ काटते रहने का हुनर दिखाने के लिए उन्हें काटना पड़ता है। यह एक नाई के तौर पर उनके हुनर को भी साबित करता है, बॉस की तरह नहीं। क्या ही काटू जीवन है उनका!

कंपनियाँ इससे कुछ और बेहतर पा सकती हैं। कितना ही अच्छा होगा कि सभी कर्मचारियों का वेतन काटकर शून्य कर दिया जाए, साथ-साथ बॉस का भी। (क्या सच में!) इसका फ़ायदा यह होगा कि हर कोई घर पर आराम से रहेगा और काम कर सब कुछ काटने के बजाए घर पर रहकर सब्जियाँ काटेगा। कोई और कटाई नहीं प्लीज़। मुझे तो अपने शरीर के बारे में भय है।

पिछले जन्म में वे मालिश वाले भी रहे होंगे क्योंकि उन्हें मालिश से बेहद प्रेम है। वे लगातार अपने बॉस के ईगो की मालिश करते दिखाई देते हैं जैसे ये

कहकर कि क्या ही बढ़िया आइडिया है सरजी। एक और बढ़िया आइडिया है जिससे कंपनी का कीमती समय और पैसे दोनों बचेंगे कि वह एक अच्छी ईगो मालिश करने वाली मशीन खरीद ले। यहाँ बॉस कुछ मिनट के लिए पूरे दिन में जाया करेंगे और अपनी ईगो कि मालिश लेकर चिंता मुक्त और चौड़ी छाती लेकर वापस। इस तरह से हम बिचारे उनके नीचे काम करने वालों को सारा दिन यह काम नहीं करना होगा और हम कुछ असली काम कर पाएंगे।

हमारे देसी थॉमसन और थॉम्प्सन का एक विचित्र गुण यह भी है कि वे बहुत असहज हो जाते हैं जब उनके आसपास कोई सुंदर लड़की उनकी कर्मचारी बनकर आती है। विविधता (जो कंपनी के पेपर पर ख़ूब बढ़ा चढ़ाकर पेश किया जाता है) असल में बस दूर के ढ़ोल की तरह सुहावना है। पैंट में लड़की! प्लीज़ नहीं! दरअसल बॉस को कुछ तोते चाहिए होते हैं जो अलग-अलग तो दिखें, लेकिन बोली सिर्फ़ बॉस की बोलें। अगर वे ज़ेहनी तौर पर मरे हुए हों तो इससे अच्छा और क्या!

हालांकि सब कुछ बुरा ही नहीं है। बॉस कुछ अच्छी चीज़ें भी जोड़ते हैं, हालांकि बहुत कम लेकिन वे टेबल में कुछ और एक्सेल लाइन जोड़ते हैं, उसका रंग बदलते है, प्रेजेंटेशन की फॉन्ट और फॉर्मेट बदल देते हैं। मुझे सच में समझ नहीं आता कि इससे कंपनी का क्या भला होता है। बस टैलेंट की बर्बादी है। उन्हें अपने लिए उपयुक्त पेशे में जाना चाहिए जोकि उन्हें सूट करता हो जैसे इंटीरियर डिजाइनर या फैशन डिजाइनर, जिसका काम चीज़ों को मिक्स-मैच करके सुंदर बनाना हो। अगली बार एच आर को यह सलाह दूँगी। अभी के लिए काफ़ी हुआ लिखना, अब मुझे अपने अगले हफ्ते होने वाले अपने ऑडिट (दुख का दिन) के लिए तैयार होना है।

****

मिस्टर राजा थोड़े कम तेज़ दिखते हैं और सबसे अच्छी बात कि वे मिस्टर चाटू की तरह मांग नहीं रखते। ऑफिस की सुंदर लड़कियों को ताड़ने के अलावा

एक काम जो वह करते हैं, वह है मैडम चाँदनी को ख़ुश करते रहना, जो उनके टिके रहने के लिए ज़रूरी है। सबसे अच्छी बात है कि काम चल रहा है। ऊपर के पदों पर इतनी उथल-पुथल के बाद भी बिजनेस बढ़िया है। चाँद टीवी का स्टॉक ऊपर जा रहा है, बस अब छत से टकराने वाला ही है ताकि मनचाही हवा के झोंके आ सकें।

डॉक्टरों का ऑडिट

आज ऑफिस में एक और ऑडिट है। मेरा ऑटो वाला दोस्त चतुर जमाल आज अच्छे मूड में है, शायद वह डीडीएलजे वाले प्लान पर काम कर रहा है। उसने आज एक दस फीट चौड़ी गली वाला रास्ता खोज निकाला है, जिसके बारे में मैं इस शहर में इतने साल रहने के बाद भी नहीं जानती थी। हालांकि ऑडिटर इतने भाग्यशाली नहीं हैं और बंगलुरु के ट्रैफिक जाम में फँसे हैं। उनके साथ ठीक ही हुआ है। उन्हें इतना बेशर्म होना पड़ता है कि प्लेग बीमारी की तरह उनका स्वागत किए जाने के बाद भी वे आना नहीं छोडते। अब समय आ गया है कि हम अपना सीट बेल्ट बांध लें और सवालों का तूफान झेलने के लिए तैयार हो जाएँ। लेकिन चेकलिस्ट जो किसी बच्चे की एबीसीडी की किताब जैसी है, उसके साथ यह काम उतना मुश्किल भी नहीं लग रहा।

ऑडिटर जोकि वाकई सख़्त लग रहे हैं, कॉन्फ्रेंस रूम में चारों तरफ़ देखते घूम रहे हैं। उन्हें नमस्कार करने और उनका स्वागत करने के लिए मौजूद हैं मिस्टर राजा चाटा। और उनके चमचे चाय, कॉफी, नट्स और कुकीज़ के साथ तैयार हैं। यह मैनेजमेंट का एक हताश तरीका है ताकि इन सख़्तजान लोगों को थोड़ा प्रभावित किया जा सके। उन्होंने मुझे अपने पहले शिकार की तरह चुना है, पता नहीं किस कारण। शायद यह मिस्टर राजा चाटा का एक बेकार आइडिया है। भूनी मूँगफलियाँ और काजू चुभलाते वह शुरू करते हैं।

ऑडिटर—क्या आपके पास आपके जॉब का विवरण है?

आईना—हम्म...हाँ है।

ऑडिटर—उसे अंतिम बार कब अपडेट किया?

आईना—चार साल पहले, जब मैंने चंगा टाइम्स जॉइन किया था।

ऑडिटर—क्या आप अभी भी उसी जॉब में हैं?

आईना—नहीं, पिछले साल मुझे चाँद टीवी में कार्यभार सौंपा गया है (*क्या ही बेकार सवाल है। अगर मैं चंगा टाइम्स में होती तो आपसे बात नहीं कर रही होती)*

ऑडिटर—फिर तो आपके पास आपके जॉब का नया विवरण होगा। क्या आप दिखा सकती हैं प्लीज़?

आईना– दुर्भाग्य से नहीं, आप मेरे बॉस से क्यों नहीं पूछते (*यह आदमी मुझसे बात-बार यही सवाल क्यों कर रहा है। क्या मैंने अपनी नौकरी के प्रोफाइल का निर्माण खुद किया है और इसका खलनायक मैं हूँ?)*

ऑडिटर— इस कंपनी में अपने करियर के लिए आप ख़ुद जिम्मेदार हैं?

आईना—क्या मैं हूँ? मैं बस वह करती हूँ जो मुझे बॉस करने के लिए कहते हैं (मेरे घटिया एक्स बॉस)

ऑडिटर— (मधुर मुस्कान के साथ) गलत जबाव। आपके बॉस आपको फर्श साफ़ करने के लिए तो नहीं कहेंगे।

आईना – उम्म (*क्यों नहीं, ऐसे घटिया बॉस लोगों से कुछ भी उम्मीद की जा सकती है। मैंने ऐसे बॉस देखे हैं जिनके जूनियर उनके ड्राइविंग लाइसेन्स बनवाते हैं, कार सर्विस और जाने क्या-क्या कराते हैं)*

आईना— (चतुराई से) मुझे नहीं लगता है वो ऐसा करेंगे।

ऑडिटर—देखिये, इसलिए ...इसलिए ये आपके जॉब प्रोफाइल में नहीं लिखा है।

आईना (मन में– शट अप, इडियट)—आपका मतलब है कि बॉस जब भी मुझे कुछ कहें मैं अपना जॉब प्रोफाइल चेक करूँ।

ऑडिटर—हाँ, ज़रूर। अच्छा यह हो कि आप इसे कहीं टांग लें ताकि हर बार आराम से पढ़ सकें। सॉरी मैं ऑडिट को असफल मान रहा हूँ और इसे लाल रेटिंग दे रहा हूँ। आपका जॉब प्रोफाइल अपडेटेड नहीं है।

मैं सच में लड़खड़ा गयी हूँ। लाल! मैनेजमेंट को तो यह रंग बहुत पसंद आने वाला है। जल्दी ही वह मेरे पीछे लगने वाले हैं जैसे शीशे की दुकान में घुस आया कोई साँड। बेहतर है समस्या से भाग लिया जाए। मैं बीमार महसूस करने लगी थी। कल डॉक्टर के पास जाना ही होगा।

मैं अगले दिन मनी फ्रेंड हॉस्पिटल जाती हूँ, समय लेने के बाद भी एक घंटा डॉक्टर से मिलने का इंतज़ार करती हूँ। रिसेप्शनिस्ट से डॉक्टर कब मिलेंगे वाला हताश सवाल अब अनसुना ही जा रहा है। वह राउंड पर हैं। मुझे हैरत है कि एपाइंटमेंट लेने के बाद भी हमें डॉक्टर का इंतज़ार क्यों करना पड़ता है। शायद यह उनका जानने का तरीका हो कि किस मरीज में सहने की ताकत ज़्यादा है– ताकि वे उनकी ट्रायल और एरर प्रक्रिया को झेल सकें।

आखिरकार मुझे डॉक्टर से मिलने का कीमती पाँच मिनट मिलता है, जो मेरा पेपर पढ़ने के साथ साथ फोन पर भी लगे हुए हैं। एक हाथ से पर्ची भी लिख रहे हैं और कुछ फॉर्म पर साइन भी कर रहे हैं। सब कुछ एक साथ। बीच में नर्स ने उन्हें पाँच बार टोका है जोकि आर्डेनल आदि विचित्र मेडिकल सवाल पूछ रही है। कमरे में चार और मरीज आ चुके हैं।

डॉक्टर (साथ ही फोन पर भी बात करते हुए) –हाँ, शर्मा जी, नेपाल वाला

लेक्चर कब है? मैं दस बजे आऊँगा। सेक्रेटरी प्लीज़ फ्लाइट कंफर्म करवाओ। (जूनियर डॉक्टर से) – हाँ एच1 एन1 और एस्नोफिल्स चेक करो और डोज़ बढ़ा दो।

नर्स— (बीच में) सर चार सिग्नेचर चाहिए।

डॉक्टर कुछ सेकेंड के लिए ऊपर ताकते हैं, मैंने समय का फायदा उठाने के लिए उसी बीच उनका ध्यान खींचने की कोशिश करती हूँ, कमजोर आवाज़ में कहती हूँ, डॉक्टर मुझे अच्छा नहीं महसूस हो रहा है। वह जूनियर से कहते हैं कि मुझे चेक करे।

जूनियर डॉक्टर कुछ ज़्यादा ही आत्मविश्वास में लग रहा है। उसने मेरे गले की जांच करते हुए, पूरे समय मेरे मुंह को खुलवाए रखा, अंत में कहा, सर कुछ नहीं है, बस इंफ्लुएंजा का केस लग रहा है। मैंने सब कुछ चेक कर लिया है, ठीक है।

डॉक्टर संदेह से मुझे ताकते हैं कि कहीं मैंने रोग का भ्रम तो नहीं पाल रखा। वह मुझसे पूछते हैं कि क्या मैं तनाव में हूँ (बेकार का सवाल, इन दिनों कौन नहीं है!) फिर और भी मूर्ख सवाल, 'क्या तनाव के कारण आपका वजन कम हो रहा है? (ओह! प्रिय डॉक्टर। कितना अच्छा होता अगर तनाव से वजन कम किया जा सकता, दिन में दो बार जिम जाकर मेहनत नहीं करनी पड़ती) अंत में उन्होंने एक लंबी सांस भरी और कहा—यह पाँच दवाएं लो और एक हफ्ते के बाद आओ। उन्होंने जल्दी-जल्दी कुछ दवाओं के नाम गिना दिए जो मुझे इस तरह सुनाई दिए- क्रोसिन टीडी, एलर्जिक ओडी, लैजीस्टिक्स, रियमन और बिकासूल।

जूनियर डॉक्टर ने मुझे पर्ची थमाते हुए कहा—अगले हफ्ते मिलते हैं और उसी अंदाज़ में नर्स से कहा—नर्स, अगला मरीज प्लीज़।

अगले हफ्ते जब मैं उसी अस्पताल में बिल्कुल अस्वस्थ महसूस करने पर गयी तो वहाँ एक नया जूनियर डॉक्टर था, उसने फिर से मेरा गला देखा और

कहा, फेरेंजाइटिस लग रहा है, और जांच करनी होगी। फिर उसने कई तरह के खून के जांच के नाम गिना दिए, जिनका उच्चारण करना और समझना मेरे लिए मुश्किल था। इससे मुझे कोई राहत नहीं महसूस हुई क्योंकि हफ्ते भर उतनी दवाइयाँ निगल कर और फिर अगले दो घंटे इंतज़ार के बाद जूनियर डॉक्टर से मिलना कोई सुकून की बात नहीं थी। बहुत खराब हफ्ता रहा—एक ऑडिट और दो बार डॉक्टर की विजिट। मुझे अपने घर के सुरक्षित पनाह में लौटना होगा।

उफ़्फ़! पूरे दिन शहद, नींबू और गरम पानी की घूंट लेते और रन्नी सिंह के प्यार भरे स्पर्श को महसूस करते हुए थोड़ी राहत मिली। दादी के नुस्खे हमेशा काम आते हैं, मेरा दिमाग भी थोड़ा ताज़ा और तनावरहित महसूस कर रहा है। मुझे विचार आया कि क्या हॉस्पिटल ऑडिटर के लिए सबसे अच्छी जगह नहीं हैं! यह जगह उन्हें बेहद पसंद आएगी, जहां न कोई मानक उत्तर मिलेंगे, न ही कोई निश्चित प्रक्रिया। ऑडिटर को इन डॉक्टरों के साथ बहुत सावधानी से काम करना होगा। अगली बार मैं अपने ऑडिटर दोस्त को इस डॉक्टर के पास लेकर आऊँगी। या खुद ही ऑडिटर के लिए चेकलिस्ट तैयार कर दूँगी। शायद मुझे डॉक्टर को कुर्सी पर बेचैनी से हिलते डुलते देखने का सुख मिल जाये। मैं खुशी से अपने हाथ मलती, सपना देखती हूँ।

ऑडिटर—अपना डिग्री सर्टिफिकेट दिखाएँ।

डॉक्टर—नहीं हैं मेरे पास।

ऑडिटर—आपका जॉब प्रोफाइल क्या है?

डॉक्टर—कभी नहीं रहा।

ऑडिटर—इलाज़ क्या है?

डॉक्टर – नहीं पता, हम जल्द पता लगा लेंगे।

ऑडिटर—आपको कैसे पता?

डॉक्टर—मुझे नहीं पता।

ऑडिटर—सॉरी, आपने चारों सवालों के जबाव गलत दिए हैं। ऑडिट असफल रहा है। मैं आपको रेड मार्क दे रहा हूँ।

बस अंतर यही कि डॉक्टर को कोई फ़र्क नहीं पड़ा, उन्हें पूरा जीवन लाल देखने की आदत पड़ी हुई है।

****

ऑडिटर्स, अगली बार आप मुझसे मिलने का सोचिए तो मेरे बदले उन शैतानी डॉक्टरों से मिल लीजिये और मुझे अकेला छोड़ दीजिये। मेरे पास पहले ही बहुत बोझ है, इंटरव्यू और चैट शो के साथ ऑडिट और प्रेजेंटेशन भी साथ चल रहे हैं। अगला पूरा हफ्ता प्रेजेंटेशन में बीतना है।

डाटा

ऑफिस में आज एक ज़रूरी दिन। बॉस मिस्टर राजा चाटा के साथ बहुत सारे प्रेजेंटेशन होने हैं जो अपने आप को मुख्य सूत्रधार की भूमिका में मानते हैं। ज़रूरी है कि जल्दी पहुँच कर दिखाया जाए कि आप बहुत सजग हैं। हमेशा की तरह जमाल ने बीच ट्रैफिक से बहुत ही कुशलता से ऑटो निकाल लिया है, किसी लचीले कीड़े की तरह। मैं एकदम समय पर हूँ। ऐसा लगता है कि जमाल भी अपनी गर्लफ्रेंड के परिवार को रास आ रहा है और अपनी होने वाली सास को उसने रिझा लिया है। वह रोज़ उन्हें बाज़ार घूमाता है और अपने हाथ से खाना खिलाता है। लगता है जल्दी ही सब कुछ ठीक हो जाएगा।

दुर्भाग्य से ख़राब टेलीविज़न रेटिंग पॉइंट (टीआरपी) के साथ मैं अपने बॉस के बहुत करीब नहीं हूँ। टीआरपी मैंगोमैन पार्टी के रोज के आंदोलन के कवरेज के कारण नीचे चली गयी है। क्योंकि उनका यह हर बात के लिए आंदोलन जनता को बहुत रिझा नहीं पा रहा है। थोड़ा सा मक्खन लगाकर और चीजों में भाग लेकर मैं अपनी नौकरी में कुछ तरक़्क़ी की उम्मीद कर सकती हूँ।

प्रेजेंटेशन बड़े धमाके साथ शुरू हुआ। विषय है- टीआरपी पर बड़े डाटा और आकलन का महत्त्व। यह वास्तव में थोड़ा पेचीदा विषय है। क्योंकि वाक़ई लंबा समय गुज़र गया जब मैंने डाटा से मिलता जुलता कोई विषय भी उठाया हो। ख़ैर मैं बहुत ध्यान से सुन रही हूँ, बॉस का हर शब्द सुनते हुए नोट्स भी ले रही हूँ, बीच बीच में बहुत सजग दिखने का नाटक करते हुए सर भी हिला

रही हूँ ताकि किसी से पिछ्ड़ न जाऊँ। लोग वहाँ ख़ुद को शामिल दिखाने के लिए मूर्खों वाले सवाल पूछ रहे हैं। और अगर उन्हें कुछ समझ नहीं आता तो कहते हैं कि क्या आप अंतिम बात फिर से दुहरा सकते हैं ताकि यह लगता रहे कि उन्हें समझ आ रहा है। मुझे लगता था कि यह व्यवहार मैं अपने आईआईएम के दिनों में करके छोड़ चुकी हूँ, लेकिन अब भी यह बहुत तरीक़े से दिमाग में जगह बनाता है।

बॉस एक गरज़दार आवाज़ में शुरू करते हैं– गुड मॉर्निंग। यह बहुत ज़रूरी था क्योंकि ज़्यादातर लोग ऊँघ रहे थे। इस गरज़ से वे जाग गए। 'आज हम टीआरपी रेटिंग में एनालिटिक्स के महत्व पर बात करेंगे। क्या कोई मुझे बता सकता है कि टेलीविज़न में पिछले सालों में क्या बदला है? वहाँ मौजूद जनता कुछ नहीं समझने के भाव से ताकती है। 'अच्छा, कोई बात नहीं, मैं बताता हूँ। अब दर्शकों के पास ढेर सारे कार्यक्रमों का विकल्प है (जैसे कि हम ये नहीं जानते!) जब मैं टीवी में आया तब सिर्फ़ दूरदर्शन हुआ करता था, सरकार द्वारा समर्थित चैनल और समाचार। अब हमारे पास कई रोचक प्रोग्राम हैं जैसे कॉमेडी शो, कार्टून और आर्ट एंड क्राफ्ट। इसलिए हमें यह जानना चाहिए कि हमें बहुत सारे डाटा और उनके विश्लेषण की जरूरत है कि दर्शकों को क्या पसंद आता है, वे क्यों कोई ख़ास कार्यक्रम चुनते हैं। पहले यह देखते हैं कि अभी के ख़ास टीवी प्रोग्राम कौन से हैं?

- क्योंकि बहू भी कभी सास बनेगी।
- शादी-ब्याह
- विवाह-पार्ट 2
- पति-पत्नी और मैं
- मेरे बाप की शादी
- तोता मैना की शादी

ऐसा लगता है कि आज के दर्शकों को शादी से जुड़े कार्यक्रम पसंद आ रहे

हैं। हमें इसका कारण समझना होगा। हमारे बीच मिस्टर अनल मनबी हैं, जिन्होंने हाल में ही बी पॉज़िटिव एनालिटिक फ़र्म की स्थापना की है। वह आपसे इस बारे में बात करेंगे। मिस्टर अनल मनबी का स्वागत है।

लोग भय मिश्रित आदर से ताकते हैं मिस्टर अनलबी की ओर जो लैपटॉप, पेनड्राइव, ब्लूटूथ, आइपैड और गैलेक्सी टैब से लैस (इतने सारे गैजेट को एक साथ इस्तेमाल करते हुए) पूरे स्वैग के साथ अंदर आते हैं। वह आईआईटी का नया उत्पाद लगता था, जोकि किसी टॉप की सलाहकार संस्था के लिए काम कर रहा हो। उनकी धज तो देखो ह्यूगो बॉस शर्ट, कार्टियर घड़ी, लूइस वुइत्तोन लैपटॉप केस और हरमेस टाई दमक रही है और देखने वालों का मुंह हैरत से खुला रह जा रहा है। 'कोई हैरत नहीं कि आठ संख्याओं का अश्लील पे- पैकेज लेने वाला यह आदमी, ग्रैजुएशन के तुरंत बाद इतने सारे पैसों का करेगा क्या!'

और फिर उनकी तरफ़ से कुछ सवाल, दर्शक शाम का टीवी शो देखते हुए क्या चाहते हैं? कोई आइडिया? सबके चेहरे फिर सपाट! इतने अज्ञानी आत्माओं को देखकर जो उतने महत्वपूर्ण विषयों पर कुछ नहीं जानते, उनके चेहरे पर घृणा और अविश्वास के भाव आते हैं। फिर वह बड़ी ही संजीदगी से शुरू करते हैं, एक के बाद एक स्लाइड दिखते हैं जिसमें भारत की जनसंख्या के आंकड़े, 1800 के बाद से जन्म दर, मृत्यु दर, शिशु मृत्यु दर, सेंसस, स्त्री -पुरुष आंकड़े, स्त्री की कमर से लेकर पृष्ठ भाग का अनुपात 1900 से अबतक, घरेलू आय आदि-आदि होता है।

चार्ट और रंगीन प्रेजेंटेशन लगातार चलता रहता है, कैलिडोस्कोपिक दृश्य के साथ और दर्शक गंदी तरह बोर हो रहे हैं। मैं इस कोशिश में हूँ कि मुझे नींद न आ जाए। यू नो, और काइंड ऑफ जैसे वाक्यों के बीच वह लगातार ज्ञान दे रहे हैं लेकिन जिसमें से कुछ भी मेरे दिमाग तक नहीं पहुँच रहा, जो ज्ञान के इतने अकूत खजाने के बीच काम करना ही बंद हो गया है। मेरी पलकें नींद से भारी हैं लेकिन प्रेजेंटेशन ख़त्म ही नहीं हो रहा है। कुछ पारंपरिक स्लाइड भी हैं जिनमें पाई, क्लस्टर चार्ट और टेढ़े-मेढ़े ग्राफ़ के साथ बताया गया है कि ग्राहक

क्या खरीदना पसंद करता है (कौन सा साबुन और बालों का तेल चलता है और उसे शादी वाले धारावाहिक से कैसे जोड़ सकते हैं!)

और फिर अंत से पहले वाली स्लाइड, ग्रामीण ग्राहक टीवी चैनल पर क्या देखना चाहते हैं? अपने सारे फ़ैन्सी गैजेट और वेशभूषा के साथ मिस्टर अनलबी अब उस हिस्से पर पहुँच गए हैं- यानी धोती वाले ग्रामीण ग्राहकों के बारे में, जिनके बारे में वह अविवादित रूप से बहुत गहरी समझ और विशेषज्ञता रखते हैं।

आख़िरकार हम अंत तक पहुँच चुके हैं। अंतिम स्लाइड बहुत ही उदारता से, सुंदर शब्दों जैसे क्लाउड कम्प्यूटिंग, बिग डाटा, जेनरेशनल शिफ्ट आदि से भरा हुआ सामने आता है। वह हम पर एक और कृपालु दृष्टि डालते हैं और वी मॉडल डाटा से हमारा परिचय कराते हैं ***(मुझे यहाँ टेस्टस्टरोन से संचालित कई दिमागों को सक्रिय होते देखती हूँ। सभी 26 एल्फाबेट के बीच उन्होंने बड़ी ही चालाकी से यही अक्षर चुना है ताकि अपने घटिया मॉडल का नाम रख सकें)*** और अंत में अचानक ही बात बदलते हुए, वह बॉस पर चुपके से एक नज़र डालते हैं और फिर हमपर एक भरपूर नज़र डालते हुए नरम स्वर में पूछते हैं, अब हम समझ गए होंगे शैतान डाटा में क्यों रहता है, जानते हैं न?

मैं जानती हूँ कि आप समझते हैं मिस्टर डाटा, लेकिन जहां तक मेरा सवाल है, दिमाग पर बहुत ज़ोर डालने के बाद भी और नये प्राप्त ज्ञान पर लगातार सिर हिलाते रहने के बाद भी, मुझे ग्राहक, आयु वर्ग, साबुन और शैंपू आदि के बारे में कोई भी डाटा समझ नहीं आया। बस जो चीज़ मुझे समझ आई वह यह कि अब अपने मासिक सामान में अपने बालों को सिल्की रखने के लिए मुझे कौन सा शैंपू खरीदना चाहिए और 'V' का अर्थ वल्गर मॉडेल है। मैं अलग तरह के ग्राहकों को लेकर भी बहुत दुविधा की स्थिति में हूँ और नहीं जानती कि अपने कार्यक्रमों का टीआरपी रेटिंग कैसे बढ़ा सकती हूँ।

कुछ मुख्य शब्द जैसे शादी, वेडिंग आदि चार्ट में ऊपर होने के कारण बार-

बार दुहराये गए इसलिए समझ आये। काश वह मुझे कोई शादी ही कवर करने की अनुमति दें, ख़ासकर किसी सेलिब्रेटी की शादी, तो शायद मेरा टीआरपी कुछ सुधर सके, जो हर महीने सबसे अच्छे और सबसे बुरे प्रदर्शन को दिखाकर मुझे शर्मिंदा करता रहता है। लेकिन मेरा ऐसा सौभाग्य कहाँ! सारे ऐसे मखमली प्रोजेक्ट पहले ही मिस्टर राजा चाटा के पसंदीदा 'चतुर' को सौंपे जा चुके होते हैं, जो लगातार चार्ट में टॉप पर बना रहता है। वह चमचागीरी में भी नंबर एक पर है और बॉलीवुड की प्रमुख अभिनेत्री मिस पिगी चौप्स के भतीजे का कज़िन है (मिस चाँदनी का प्रिय बनने के लिए कोई भी रिश्ता चलेगा) इस सौभाग्यशाली बंदे को कल एक सेलिब्रिटी शादी कवर करने का काम सौंप दिया गया है।

दुर्भाग्य से मैं कल चेन्नई जा रही हूँ, एक इन्फ्रास्ट्रक्चर कॉन्फ्रेंस कवर करने। मैं देख पा रही हूँ कि चाँद टीवी के स्टॉक-कीमतों की तुलना में मेरा टीआरपी बहुत नीचे गोते खाने वाला है।

शहर में

सड़क पर गाय

मैं वार्षिक ग्लोबल इन्फ्रास्ट्रक्चर कॉन्फ्रेंस को कवर करने चेन्नई पहुंची हूँ, ज़ाहिर तौर पर मैडम चाँदनी के कहने पर, जिनके आदेश को मिस्टर राजा चाटा पूरी वफ़ादारी के साथ निभाते हैं।

एक और ऑटो राइड का शुक्रिया कि उसने इतने सँकरे रास्ते के बीच से इतनी कुशलता से ऑटो निकाला जहां बीच रास्ते में जुगाली करती बैठी हुई गायें हाइवे पर भागती दुनिया को देख रही थीं। मैं उसके कारण समय पर पहुँच गयी थी। कुछ वक्ता पहुँच ही नहीं पाये थे। मैं कल्पना कर रही हूँ कि वे अपने एयरकंडीशंड टैक्सी में असहाय से बैठे ट्रैफिक को देख रहे होंगे जबकि उनके बगल से कई ऑटो वाले टेढ़े-मेढ़े होकर निकल गए होंगे, कुछ फुटपाथ पर चढ़कर भी। कॉन्फ्रेंस के आयोजक बहुत परेशान थे और अंतिम समय में कुछ फिलर्स खोज रहे थे। उन्होंने मेरे साथ कुछ और लोगों को अपना त्वरित वक्तव्य तैयार करने को कहा। मैंने अपना गाय पर लिखा आलेख निकाल लिया। यह रन्नी सिंह का भी प्रिय था।

सड़क पर गाय

आज का समाचार- गुड़गाँव की सड़कों पर गाय' प्राकृतिक स्पीड ब्रेकर का काम करती हैं। कितना मज़ेदार कॉन्सेप्ट है। इस आइडिया को सभी भारतीय शहरों और क़स्बों में लागू किया जाना चाहिए जो पाँच किलोमीटर प्रति घंटे की

रफ़्तार से चल रहे वाहनों की गति को बीच में ही रोक ले। चूंकि हमारे शहरी इलाकों में बहुतायत में गायें हैं, तो इसे लागू करना आसान होगा।

शुरुआत में गाय को स्पीड ब्रेकर की तरह इस्तेमाल करने में कोई ख़र्च भी नहीं आएगा। वे वैसे भी सड़क पर ही रहती और सोती हैं। ज़रूरी यह होगा कि उन्हें योजनाबद्ध तरीके से एक ख़ास दूरी पर बिठाया जाए ताकि गाड़ियों की रफ़्तार नियंत्रित की जा सके। गाय को एक साथ नहीं बैठना है, प्लीज़। हमें उचित ट्रैफिक रफ़्तार को नियंत्रित करने वाले सॉफ्टवेयर की ज़रूरत होगी जो किसी भी पाँच किलोमीटर प्रति घंटे के हिसाब से चल रही गाड़ी की दूरी, समय और गति के अनुसार काम कर सकें। उसे लागू करना फिर आसान है, भारतीय सड़कों की बदलती हुई मांग के अनुसार गायों को सड़क पर बैठाया जाए। जैसे मोर्चा के दौरान जल्दी में बिन्दु 'अ' से बिन्दु 'ब' तय किया जाए, जहां उन्हें बिठाया जाना है। यह काम स्पीड ब्रेकर नहीं कर सकता।

वैसे भी आप मानेंगे कि रोड अवरोधक बनाने में सड़क खोदने, फिर उसे समतल करने, कंक्रीट जमाने और पेंटिग आदि का काम लगता है, जोकि बहुत महंगा और व्यर्थ का काम है। क्यों न इफ़रात में मौजूद प्राकृतिक साधनों का इस्तेमाल किया जाए जो इको फ्रेंडली भी हों। मेरे प्रकृतिप्रेमी दोस्त अपने रेजीडेंशियल कॉम्प्लेक्स में इसे लागू ज़रूर करना चाहेंगे (उन्हें अपने हरितप्रेमी होने पर गर्व है) जहां एक किलोमीटर के दायरे में कम से कम बीस स्पीड ब्रेकर होंगे।

इस प्रस्ताव के कई और लाभ हैं जो तुरंत नज़र नहीं आते।

1. आजकल के स्पीड ब्रेकर की तुलना में गाय ज़्यादा दिखाई देंगी। स्पीड ब्रेकर का पेंट सामान्यतः इतना हल्का होता है कि उन्हें देखने के लिए सुपरसोनिक टेलिस्कोप का इस्तेमाल करना होगा ख़ासकर रात में। आउच! ऐसा भी हो सकता है कि आपको स्पीडब्रेकर का पता ही नहीं चले क्योंकि समय के साथ चेतावनी का चिन्ह धुंधला हो चुका होता है, जिसे दुबारा पेंट करने में जन अधिकारियों की कोई रुचि नहीं होती (जब फिर-फिर धुँधला हो जाता है

तो हर बार पेंट क्यों करना)। स्पीड ब्रेकर की मौजूदगी का एहसास आपको तब होता है जब आप ऑटो रिक्शा में यात्रा करते हुए किसी एक फुट की ऊंचाई वाले स्पीड ब्रेकर से जाकर टकरा जाते हैं और आपके शरीर की हर हड्डी चटक उठती है। गाय के साथ ऐसी कोई दिक़्क़त कभी नहीं आएगी। वे सफ़ेद या चितकबरी, भूरी और आकार में बड़ी होती हैं और आप उन्हें अंधेरी सड़क पर भी देख ही लेंगे। अगर दिखने में कोई दिक़्क़त आए तो उनके सींगों या शरीर पर चमकदार पेंट लगाया जा सकता है। मुझे पूरा विश्वास है कि बेचारी गायों को इससे कोई दिक़्क़त नहीं होगी कि वे अपने नीरस से जीवन में, जिसका काम सिर्फ़ घास-भूसा खाना और दूध देना है, में थोड़ा रंग मिला लें।

2. गायों के सड़क पर होने से बहुत सारी कीमती जगहें भी खाली होंगी। मालाड या मुंबई के अन्य महत्त्वपूर्ण उपनगरों में बहुत सारे तबेले मिल जाते हैं, जिसमें सैकड़ों गायें सौ स्क्वायर फीट की छोटी सी जगह में ठूंस दी जाती हैं। ये जगहें छोटी, लेकिन काफ़ी कीमती होती हैं। जानवरों के अधिकारों की भी बात करें तो गाय को अपने लिए पूरी खुली सड़क मिलेगी जहां वह आराम से जुगाली करती हुई दूध देंगी और गोबर करेंगी।

3. ऐसे भक्त लोग जिन्हें सुबह, शाम और रात गायों को खाना खिलाना और उनकी पूजा करनी होती, उन्हें भी बहुत दूर जाने की ज़रूरत नहीं होगी। हर सौ मीटर पर गाय उपलब्ध हो जाया करेंगी और स्पीड ब्रेकर के बीच गाड़ियों की औसत रफ्तार बनी रहेगी, ड्राइवर फिर कभी पाँच किलोमीटर प्रटी घंटे की खतरनाक रफ़्तार से ज्यादा तेज़ गाड़ी नहीं चला पाएंगे।

हालांकि यहाँ यह बात भी आती है कि क्या हमें हर सड़क पर या सिर्फ़ कुछ ही सड़कों पर स्पीड ब्रेकर की ज़रूरत है। अगर हम हर सड़क पर इन्हें रखना चाहते हैं तो शायद हमें गायों की कमी पड़ जाए। मेरा विचार यह है कि गड्ढों वाले शहर के अंदरूनी सड़कों को छोड़ा जा सकता है क्योंकि सड़क के गड्ढे इन स्पीड

ब्रेकर का काम बखूबी कर दे रहे हैं। इसके अलावा कुछ बेहद चालाक लोगों ने इन सड़कों पर कंक्रीट के स्पीड ब्रेकर भी बना दिए हैं ताकि सड़क पर चलना तो छोड़िए, उड़ कर पार करने की नौबत आ गयी है। इन स्पीड ब्रेकर की वहाँ ज़रूरत क्या है, जबतक सड़क को कोई डिज़ाइनर लुक देने की इच्छा न हो। मैं इस बारे में कुछ जानती नहीं, इसलिए अभी इसको छोड़ देती हूँ।

लेकिन मुख्य सड़कों पर इको फ्रेंडली 'काऊ ब्रेकर' तैयार किए जाएँ। हम टेढ़ी-मेढ़ी लकीरों के साथ जेब्रा क्रॉसिंग की तरह भी इस्तेमाल आने वाले डिजाइनर गाय भी तैयार कर सकते हैं। पीली गायें पार्किंग निषेध के लिए इस्तेमाल हो सकतीं हैं। अद्भुत भारत! हम सड़क पर गायों को नए देसी डिज़ाइनर कपड़ों को प्रदर्शित करने के लिए भी इस्तेमाल कर सकते हैं। उसके लिए आपसे डिज़ाइन आइडिया आमंत्रित हैं।

यह बताते हुए मुझे एक ऐसे विदेसी क्लाइंट का किस्सा याद आ रहा जिसने विनम्रता से सभी मंदिर, और अन्य दर्शनीय स्थानों को देखने से मना कर दिया था और वह सिर्फ़ उन जगहों को देखना चाहती थी जहां उन्हें सड़क पर गाएँ देखने को मिलें। उनको यह दिक़्क़त थी कि उनके एक सहकर्मी ने सड़क पर बैठी दो गाएँ देख कर उनकी एक सुंदर सी तस्वीर ले ली थी। वे उससे बेहतर तस्वीर लेकर वापस जाकर सबको दिखाना चाहती थीं। हमेशा की तरह बहुत वफ़ादार सोमनाथ को काम पर लगाया गया, 'मैडम को जरा शहर के अंदर वाली सड़कों पर अपने ऑटो रिक्शा में ले जाओ और ध्यान रखना उन्हें कम से कम तीन गाएँ एक साथ बैठी मिल जाएँ। सोमनाथ जुगाड़ू आदमी था। पाँच साल से विदेशी सैलानियों को घुमाता आया था और उनके विचित्र मांगों से अच्छी तरह परिचित था। वह जानता था कि कुछ घंटों में उनकी मांग के अनुसार देशी कपड़ों से लेकर किलो भर काजू कैसे खरीदवाना है (और साथ ही ख़ुद के लिए भी अच्छी रकम निकाल लेनी है)

अगली चीज़ जो हमने देखी कि मैडम ऑफिस में चहकते हुए लौटीं। उन्होंने सड़क पर तीन नहीं बल्कि चार गायों की सिर्फ़ तस्वीरें और वीडियो ही नहीं लिया बल्कि उन्हें सड़क पर जुगाली करते भी देखा, उनमें से दो गाएँ सड़क पर मूत्र

और गोबर-विसर्जन करते हुए दिखीं। काश आप तस्वीरें दिखाते हुए आप उनकी चमकती हुई आँखें देख! हमारे सभी स्टॉफ, यहां तक कि सीईओ ने इस पर अपनी ख़ुशी प्रकट की। बाकी का क्लाइंट प्रेजेंटेशन उस दिन आराम से बीता, कोई कड़क सवाल नहीं आया।

अद्भुत भारत टूरिज़्म वाले सुन रहे हैं क्या? लोग यह चाहते हैं- सड़क पर गाएँ, शायद उनको दुहने का डेमो भी। विरासती इमारतों की तरह उन्हें अतिरिक्त देखभाल की भी ज़रूरत नहीं है। इनके सकारात्मक पहलुओं की लंबी सूची बनाई जा सकती है। गौ माताएँ ज़िन्दाबाद!

****

कॉन्फ्रेंस बहुत सफल रही और कई विदेसी इन्वेस्टर्स, पेंशन फंड और मंत्रियों ने ढहती हुई आधारभूत व्यवस्था को उठाने के लिए कुछ अरब रुपए देने का वादा किया। सत्तारूढ़ दल जोश में है। मेरे काऊ स्पीच ने भी अपना असर दिखाया है। मैं गर्व से भरी हुई हूँ। काश काम का हर दिन ऐसा ही हो!

कुत्तों का शहर

घर प्यारा घर, अपने सुंदर शहर बंगलुरु में लौट आई हूँ। चेन्नई में हुए एक बहुत सफल कॉन्फ्रेंस के बाद, जहां लोगों ने खड़े होकर मुझे सलाम किया, मैं आकाश में उड़ रही हूँ। रन्नी सिंह तो नहीं (वह यूरोप में मैराथन में भाग लेने गया है और भूमध्यसागरीय सूरज का आनंद उठा रहा है) कम से कम मेरे रिश्तेदार-चार पैरों की नस्ल वाले, मेरे स्वागत के लिए कैंटोनमेंट स्टेशन पर इंतज़ार कर रहे हैं। कोई तो है जो मेरे स्वागत के लिए इंतज़ार में है।

और जमाल तो है ही। ऐसा लगता है कि उसने अपने होने वाली ससुराल का दिल जीत लिया है और बड़े शान से अपनी मंगनी कि अंगूठी दिखा रहा है। ऑटो रिक्शा की यात्रा ने उसकी होने वाली सास का दिल जीत लिया। वैसे भी दुल्हन तक पहुँचने का सही रास्ता उसकी माँ से होकर जाता है। और बंगलुरु के दिल तक पहुँचने का रस्ता चल्लागट्टा और नागासान्द्रा गाँवों से, जहां मेरे चौपाये पड़ोसी मेरे स्वागत के लिए बहुत आतुरता से इंतज़ार कर रहे हैं।

बंगलुरु के बारे में

यह देखना बहुत सुखद है कि स्टार्ट अप सिटी, पेंशनर पैराडाइज़, सिलीकॉन वैली, गार्डेन सिटी, एअर कंडीशंड सिटी आदि आदि के अलावा बंगलुरु ख़ुद को कुत्तों का शहर भी बुला सकता है। उम्मीद करती हूँ कि बंग्लूरियंस इस नए नामकरण का बुरा नहीं मानेंगे। क्योंकि यह कहीं से भी किसी को कमतर महसूस कराने के लिए नहीं है। यह बात सब ठीक से समझ लें, क्योंकि यह जिसके द्वारा

दिया गया है, वह ख़ुद को जानवरों का असली प्रेमी मानता है। मेरे दोस्त और परिवार वाले इस बात की गवाही दे सकते हैं कि मुझे जेम्स हेरियट सिरीज़ से कितना लगाव है। जेम्स हेरियट की एक झलक अक्सर मेरी आत्मा का मलहम बन जाती है- पूरे दिन के तनाव के बाद का सुकून। हर तरह के कुत्तों को पालतू या फौस्टर की तरह रखकर और उस कारण से उन्हें बहुत नजदीक से जानते हुए, मैं यह पूरे विश्वास के साथ कह सकती हूँ कि बंगलुरु कुत्तों के लिए स्वर्ग है। अगर कुत्तों के लिए अनुकूल शहर की कोई सूची बने तो बंगलुरु इसमें सबसे ऊपर होगा।

सबसे पहले तो बंगलुरु का मौसम इन प्राणियों के लिए किसी स्वर्ग जैसा है। इन्हें पसीना नहीं आता, इसलिए बहुत गर्म जगहों पर वे अपनी जीभ बाहर निकालकर बहुत हांफते रहते हैं। यह चीज़ उन्हें बहुत बहुत परेशान करती है और देखने वालों को भी परेशान करती है। बंगलुरु में ऐसी कोई दिक़्क़त नहीं है, यहाँ सालभर सुहावना, स्वास्थ्यप्रद मौसम रहता है और रोज वर्षा होती है, जो एक घंटे से ज़्यादा नहीं टिकती। इस दौरान कुत्ते आराम से चारों तरफ़ खड़ी कारों के नीचे घुसकर पनाह ले सकते हैं। वैसे भी ये कारें दिखावे के लिए ही ज़्यादा हैं। सड़कों पर जितनी ट्रैफिक है, इन कारों को कुत्तों के आश्रय के रूप में बदला जा सकता है। जो ज़्यादा बहादुर होंगे, वे बाहर निकलकर वर्षा का आनंद भी ले सकते हैं, जो और साहसी होंगे, वे असल स्नान भी कर सकते। सालभर वर्षा के कारण यह कुत्तों का स्वर्ग बन जाता है।

बंगलुरु में ज्यादा सर्दी का भी कोई मसला नहीं है कि बेचारे कुंडली मार, घुस के बैठे रहें। यहाँ का मौसम पूरे साल अधिकतम 20-30 डिग्री के आसपास बना रहता है, ये प्राणी आराम से सड़क के किनारे अपनी दोपहर की नींद लेते हैं, बिना मौसम की परवाह किए। यह सचमुच में कुत्तों का स्वर्ग है!

चूंकि ये इनफार्मेशन टेक्नॉलॉजी कैपिटल के वासी हैं, वे यहाँ की तकनीकी भीड़ और उसके विचित्र तरीकों से पूरी तरह वाकिफ़ हो चुके हैं। कुछ इस तरह

कि वे रात में अपना अलग कॉन्फ्रेंस करते हैं, बिल्कुल पश्चिमी दुनिया के समय के अनुसार; भौं-भौं, वाउ वाउ, टिक टॉक करते हुए। ऐसे चौकीदार कुत्तों को पूरी रात इतना चौकस देखकर अच्छा लगता है। अपनी तकनीकी छवि को और सुधारने के लिए बस उन्हें कुछ टेकी स्टाइल नाम रख लेने हैं, जैसे- सर्वर, पैच, फायरवॉल, वाइरस, और आवारा पिल्लों के लिए नया नाम- हार्टब्लीड्स।

कई नस्लों के कुत्ते अपार्टमेंट के बाहर या देश भर की दीवारों के बाहर आपके स्वागत में खड़े मिलते हैं। इन बेचारी आत्माओं का शुक्रिया, मुझे कभी भी ट्रिप से लौटने पर अकेला महसूस नहीं हुआ! वे हमेशा रेलवे स्टेशन/ बस स्टेशन के बाहर अपने रिश्तेदारों के साथ इंतज़ार में खड़े मिलते हैं, ख़ुशदिल चेहरा लिए, पूंछ हिलाते ऑटोरिक्शा के पीछे भागते, गुर्राते, भौंकते ख़ासकर रात में। अगर मेरे हाथ में उनके लिए मिठाई या चॉकलेट का डिब्बा हो तो और भी बेहतर।

****

अब नया काम क्या मिलेगा, यह सोच रही हूं। चाँद टीवी अपनी पूरी रौनक में है और अख़बार उसे 'स्टार ऑफ द शो' घोषित कर चुके हैं। मैडम चाँदनी को इस वर्ष का इन्टरप्रन्योर सम्मान दिया गया है। यह सम्मान उन्हें कई लोगों की क़िस्मत को ख़ूबसूरती और दक्षता से सँवारने के लिए दिया गया है।

प्रेस में विरोध

हँसने के लिए

काम शुरू हो गया है और आस-पास बहुत कुछ घट रहा है। नेता प्रेस के खिलाफ़ उतर गए हैं। पचास साल बाद फिर से प्रकाशित किया गया एक कार्टून विवादों में आ गया है और सभी पार्टी के नेता उसके खिलाफ़ हो गए हैं। दोषारोपण का खेल तेजी से शुरू हो गया है। मैंगोमैन पार्टी पूरे आंदोलन के मूड में है, इस कार्टून को प्रकाशित करने वाले अख़बारों को जला रही है। प्रख्यात व्यापारी नेता मिस्टर टाटीजी भी बीच में कूद पड़े हैं। बहुत सारे विवाद आरंभ हो गए हैं। हो क्या रहा है? सबसे सुरक्षित यही है कि विज्ञापन ख़ासकर शादी के विज्ञापन के अलावा कुछ भी लिखना-पढ़ना छोड़ दिया जाए। मुझे संपादक, कॉलम लेखक, कार्टूनिस्ट और अन्य सभी के नाम एक पत्र लिखना होगा।

सभी को पत्र (और लेखकों के लिए भी)

लंबे समय से मैं अख़बारों के शादी के विज्ञापन वाले पन्नों में बहुत रुचि लेती रही हूँ। हर वीकेण्ड पर ये पन्ने मेरा बहुत सारा समय लेते हैं। ये इतने मज़ेदार होते हैं कि मेरा दिमाग सम्मोहित हो जाता है। कभी-कभी ये ख़ूब हँसाने वाले भी होते हैं। ऐसा नहीं है कि मैं इन विज्ञापनों द्वारा कोई जीवन साथी खोज रही हूँ। मैं रन्नी सिंह के लिए पूरी तरह समर्पित हूँ, इसलिए बेहतर है आप आराम से बैठें और इसे पढ़ने का आनंद लें।

समय के साथ इन शादी के विज्ञापनों ने साधारण वर्णन से कहीं ज़्यादा ख़ुद

को विकसित कर लिया है, और अब कहीं रोचक विवरणों के साथ आने लगे हैं जैसे सैलरी पैकेज, बोनस, पद, कितनी संपत्ति है, चश्मे का नंबर आदि सिर्फ़ होने वाले वर का ही नहीं, उसके माता/पिता/ भाई-बहन और कई बार उनके अंकल आंटियों को भी समेट लेते हैं।

ये विज्ञापन अक्सर बहुत गूढ़ भाषा में होते हैं, शायद कम जगह में ज़्यादा जानकारी ठूंसने के कारण। लेकिन जिसे पढ़ते हुए आप उलझन में पड़ जाते हैं और अधिक जानने की चाहत करने लगते हैं। जैसे एक उदाहरण देखिये— "2प्रचनवैल1कर" का अर्थ है चेन्नई में एक करोड़ वैल्यू की दो प्रॉपर्टी। यह कोई हँसने की बात नहीं क्योंकि होने वाले जीवनसाथी के लिए निश्चित रूप से यह बहुत कीमती सूचना है। इसके अलावा कुछ सामान्य थीम सब विज्ञापनों में रहता है—सुंदर, छरहरी, गोरी ताकि जो भी संभावित वर या वधू हों उन्हें अपने होने वाले जीवनसाथी का ठीक से देखने के लिए कॉन्वेक्स या कॉन्केव चश्मा पहनना ही पड़े, जिससे कि उनमें जो गुण उन्हें चाहिए, उसे ठीक से छांट सकें। हर व्यक्ति के बीच सामान्य वितरण के सिद्धान्त का उल्लंघन करना ही होता है।

एक चीज़ जो इन विज्ञापनों से पूरी तरह गायब होती है, वह है अंग्रेज़ी का GSOH अक्षर जोकि ब्रिटिश विज्ञापनों में ख़ूब देखने को मिलता है (भारतीय शादी वाले विज्ञापन का चचेरा भाई)। एक कनफेशन करना चाहूंगी कि मैं उन्हें भी पढ़ती रही हूँ-सिर्फ़ उत्सुकतावश। वह अंग्रेज़ी कहावत है न—उत्सुकता से बिल्ली मरती है। मैं तो बिल्कुल ज़िंदा हूँ, हँस बोल रही हूँ। मैं विषय से हट रही हूँ। वापस विषय पर आती हूँ—मुझे हैरानी होती है कि हमारे विज्ञापनों में ये शब्द मिलते ही नहीं—GSOH (क्या इसका अर्थ गुड सन—अच्छा बेटा, ओबीडिएंट हस्बेंड- आज्ञाकारी पति है?) इन शब्दों का मैं कोई अर्थ नहीं निकाल पा रही थी फिर मैं गूगल की शरण में गयी। गूगल देवता के पास हर बात का उत्तर है। GSOH का अर्थ मिला- गुड सेंस ऑफ ह्यूमर!

जहां तक ब्रिटिश लोगों की बात है, सेंस ऑफ ह्यूमर उनकी सबसे बड़ी संपत्ति बन जाती है। यह ब्रिटिश धरती पर रह सकने का सबसे ज़रूरी गुण

माना जाता है। इससे यह बात भी पता चलती है प्रतिष्ठित नेता मिस्टर टाटीजी अपने कार्यक्षेत्र के बारे में कुछ कड़ी टिप्पणियाँ कर निकल सकते हैं (ब्रिटिश देर रात तक काम नहीं करते) और कैसे वह देर रात की मीटिंग रखकर इसमें बदलाव लाने वाले हैं।

इस टिप्पणी से ज़्यादा इस पर ब्रिटेन वासियों की प्रतिक्रिया चकित करने वाली थी—एकदम चुप्पी! न कोई आंदोलन, न पुतला दहन, कहीं एक आवाज़ नहीं, प्रवेश वीसा देने से मना भी नहीं किया। कुछ दिनों बाद मेरे कलीग पत्रकार ने यह कहकर इस मसले को स्पष्ट करना चाहा कि यह उनकी इकॉनमी की बात है। ब्रिटिश चाहते हैं कि वह जगुआर चलाएं। हाहा!

प्रिय पत्रकार महोदय, इस मामले में मेरी भी राय है (ब्रिटेन में रहने और वहाँ के समाज को करीब से देखने के कारण) और मैं पूरे विश्वास के साथ कह सकती हूँ कि एक औसत ब्रिटिश दिन या सप्ताह के अंत में अपनी बीयर की कैन लिए किसी लोकल पब में सॉकर मैच देखकर बिताना चाहता है। एकमात्र आंदोलन जो ब्रिटिश करना चाहते हैं, वह भी बिना किसी मोर्चे या धरने के वह है मौसम के ख़िलाफ़। चूंकि मौसम ही हर बातचीत की शुरुआत और अंत तय करता है, इसके लिए ही वे अपना मंद विरोध करते हैं- जैसे कितना नीरस है! बस यह उनके विरोध का अंत है। यह रवैया ठंडी सुहानी हवा जैसा है। वह किसी चीज़ को बहुत दिल से लगाते ही नहीं हैं। यहाँ तक कि बोर्ड मीटिंग भी बोरिंग नहीं होते हैं और चेयरमैन और सीईओ तक अपने ऊपर हँसने की काला जानते हैं।

प्रिय पत्रकार महोदय, हमने भले ही मोहक ब्रिटेन वासियों से अंग्रेज़ी भाषा और अंग्रेज़ी जीवनशैली ग्रहण कर ली हो, उनका बिंदास व्यवहार अपनाने में हमें लंबा समय लगेगा। शुरुआत में तो हम यही सोचें कि किसी भी व्यक्ति/ समुदाय/ मंत्री के बारे में कोई टिप्पणी आने पर हम इतने आक्रोश में कैसे आ जाते हैं! ज़रा सी बात पर कितना शोर और अनियंत्रित विरोध शुरू हो जाता है। लंबे-लंबे वाक्यों का पहाड़ बनाया जाने लगता है, हम इसमें दक्ष हैं। यहाँ तक कि मृतकों को भी नहीं छोड़ा जाता है। क्या कोई नेता अपनी क़ब्र से निकलकर

इस कार्टून के बारे में बात करना चाहेगा जो पचास साल पहले छपा था। न भी करे तो कोई बात नहीं, क्योंकि बहुत से लोग हैं जो उसका समर्थन कर रहे हैं, इसी कारण पचास साल पहले छ्पा कार्टून फिर से प्रिंट हो सका। यह अलग बात है कि इस वजह से लाखों अखबारों की कॉपी जला दी गयी। यार अपनी ज़िंदगी जियो न, एक बीयर केन लेकर चिल करो और बेचारे स्वर्गीय कार्टूनिस्ट को चैन से सोने दो।

एक विनम्र अनुरोध है—हम पत्रकार और कार्टूनिस्ट अपनी रोजी रोटी के लिए जो भी बकवास लिखते हैं, उसपर हँसना सीखें। हँसी ही सबसे बढ़िया दवा है। क्या पता इससे आपका बीयर पीकर निकल आया पेट भी अंदर हो जाए। ऐसे घटिया आंदोलनों से बाज आएँ। जैसा कि एक ताकतवर हाथी कहता है कि कुत्ते भौंकते हैं लेकिन काफ़िला गुज़रता रहता है। तो मेरे देश वासियों ख़ुद में हाथी जैसी ताकत लाओ और तुच्छ प्राणियों को अनदेखा करो (पत्रकार और हँसाने वाले) जो सिर्फ़ भौंकने के लिए लिखते हैं।

अब मैं नहीं जानती कि यह लिखने के कारण जानवर, जानवर प्रेमी, विवाह विज्ञापन वाले और मेरे सहकर्मी पत्रकार साथ मिलकर आंदोलन न शुरू कर दें।

****

मुझे नया काम मिल गया है—बाराखम्बा लिट्फेस्ट कवर करने का, जहां मुझे कई सेलिब्रिटी लेखक मिलने वाले हैं। शायद कुछ निर्वासित क़िस्म के लेखक भी। यह रोचक होने वाला है! काम और चाँद टीवी की स्टॉक कीमत इन दिनों फिलहाल बढ़िया हैं। मिस्टर राजा चाटा को भी ख़ुश करना आसान है, हालाँकि नौकरी में तरक्की पाना किसी सपने जैसा ही लगता है क्योंकि वह मेरी तरक़्क़ी कि संभावनाओं में कोई रुचि नहीं लेते।

शिमला मिर्च को प्रणाम

मैडम चाँदनी के आदेश का पालन करते हुए मैं बाराखम्बा लिट्रेचर फेस्टिवल कवर करने राजस्थान पहुँच चुकी हूँ। वहाँ ग़ज़ब हँगामा मचा हुआ है और लेखक ही अंदर नहीं घुस पा रहे हैं। सारे विषय ऐसे हैं जैसे कि मधुमक्खी के छत्ते में आग लगाने की तैयारी हो। हर पार्टी, मैंगोमैन सहित आंदोलन और धरने पर उतरी हुई है। आमंत्रण कि मनाही, प्रवेश वीज़ा का रोक लिया जाना, ऐसी ख़बरें हर दिन आ रही हैं। मैं बहुत डरी हुई हूँ, एक शब्द भी बोलना ख़तरे से खाली नहीं है। कई प्रसिद्ध लेखक जेल में डाल दिए गए हैं क्योंकि उन्होंने अपना मुंह खोलने का भयंकर पाप किया। चाँद टीवी की प्रतिनिधि के रूप में मुझे भी अपना भाषण देना है। मैं बहुत डरी हुई हूँ। पूरी रात यही सोचते बीती है कि मैं क्या बोलूँ! मुझे अपने वक्तव्य को छोटा और सुंदर रखना है और एकदम सुरक्षित बच के निकल भी आना है। मैं ऑटोरिक्शा से आयोजन की जगह पर निकल चुकी हूँ।

लिट फ़ेस्ट में दिया गया वक्तव्य

आजकल जो कुछ भी लिखा या पढ़ा जाता है अचानक अंतहीन विवादों का शिकार हो जाता है। लेखकों को साहित्यिक उत्सवों से निकाला जाने लगता और उन पर अवांछित एफ आई आर तक लग जाता है। इसलिए अच्छा है कि इन सब से कम से कम फ़िलहाल बचा जाए और किसी हानिरहित और अविवादित चीज़ पर लिखा जाए जैसे शिमलामिर्च।

और क्यों नहीं? फलों और सब्जियों में पाए जाने वाले असंख्य गुणों की चर्चा और उनकी तारीफ़ होनी चाहिए, जैसे कि उनके मनोहारी स्वाद और खिलते हुए रंग पर। मैं उनकी विनम्रता और उदासीनता की भी कायल हूँ। जैसे उस बेचारी फलियों को ही लीजिये, जिसे अपने आकार के कारण कई बात घटिया टिप्पणी सुननी पड़ती है (कृतघ्न जीवों द्वारा, जो अंततः उन्हें फ्राई भी कर देते हैं) लेकिन उन्होंने कभी बुरा नहीं माना। हमारे विनम्र फल और सब्जियाँ एकमात्र ऐसे हैं जिनके पास कोई क्रांतिकारी या उग्र सहयोगी नहीं और वे कभी किसी चीज़ का बुरा नहीं मानते। इसलिए बस वही एक हैं जिनके बारे में बात करने में कोई ख़तरा नहीं है।

हम इन्सानों को पेड़ पौधों की दुनिया के इन प्राणियों से सीखना चाहिए। उनमें ज़रा भी अभिमान नहीं है, हमेशा वे हमारी सेवा के लिए तत्पर हैं। ऐसे सभी उदार प्राणियों को मेरा नमन।

शिमलामिर्च को नमन

यह कहानी एक बेहद रोचक किरदार शिमलामिर्च के बारे में है। वे कितने करारे, खिले हुए, चमकदार होते हैं। सब्जी वाले के ठेले पर अपनी लाल, पीली छटा बिखेरते हुए वे इतने मनोरम लगते हैं कि मैं तुरंत उनके प्रेम में पड़ गयी और मैंने सब्जी वाले से कहा कि मुझे चार शिमला मिर्च दे दे। मैं उन्हें घर लायी, धोया और फ्रिज में रख दिया, इस उम्मीद के साथ कि बहुत ठंडे न हो जाएँ। उन बेचारों को कहाँ पता होता है कि उनका भाग्य है फ्राइंग पैन में जाकर मसालों, सॉस के साथ मिलाकर तल दिया जाना। फिर पेट में जाते हुए, बैक्टीरिया फंगी और अन्य चीज़ों के साथ घुलते हुए धरती माता में मिल जाना। इतने छोटे, मधुर और अर्थपूर्ण अस्तित्व के लिए शिमला मिर्च को मेरा प्रणाम।

****

आज का दिन बहुत बढ़िया रहा। ख़ूब मजा आया। लिटफेस्ट में जाना और सेलिब्रिटी लेखकों के साथ पेज़ थ्री के लिए फोटो खिंचवाना मज़ेदार ही होता है।

रन्नी सिंह अपने मैराथन का अनुभव लेकर बंगलुरु लौट आया है और मेरे प्यार की गाड़ी भगवान की कृपा से पटरी पर लौट आई है। मैं सातवें आसमान पर हूँ। चाँद टीवी का स्टॉक भी ऊंचाई छू रहा है। हालाँकि बेचने का मेरा कोई इरादा नहीं है, यह इन्वेस्टमेंट सोने से भी बढ़िया है।

वापस शहर में

गड्ढों का राजा

नया असाइनमेंट कुछ विशेष है। बहुत रोचक है! उम्मीद करती हूँ कि दर्शक और मैडम चाँदनी दोनों इसे बहुत पसंद करेंगे।

सम्मानीय आदरणीय डॉ. टीनूजी का विशेष इंटरव्यू

भारतीय निर्वाचन के इतिहास का एक स्वर्णिम दिन। मुख्यमंत्री ने श्री टीनूजी को सड़क के गड्ढों का नया मंत्री नियुक्त किया है। हम सम्मानीय, आदरणीय डॉ. टीनू जी के साथ एक ख़ास इंटरव्यू प्रस्तुत कर रहे हैं जिन्होंने टीनूलैंड विश्वविद्यालय से गड्ढों पर डॉक्टरेट की मानद डिग्री प्राप्त की है और जिसे पाने वाले वह पहले इंसान हैं।

रिपोर्टर (आईना)—गुड मॉर्निंग। आपके नए मंत्री पद के लिए आपको बधाई।

टीनूजी—शुक्रिया, शुक्रिया मैडम। मैं आज तीन गुना ख़ुश हूँ, आप जानती हैं क्यों?

आईना—क्यों सर?

टीनूजी—मैं सिर्फ़ मंत्री ही नहीं बना हूँ, मैं डॉक्टर भी बन गया हूँ (पूरे खानदान का पहला डॉक्टर) और यह नया मंत्रालय सिर्फ़ मेरे लिए ही बनाया गया है।

आईना—सच, ऐसा कैसे हुआ?

टीनूजी– इसमें थोड़ा भाग्य भी है। हम सरकारी नौकर *(नौकर, सच में!)* अपने रोज़मर्रा के कामों में इतने फंसे होते हैं कि हम अपने आसपास देखना भूल जाते हैं। एक ऐसे ही दिन में मैं माननीय मुख्यमंत्री जी के यहाँ बैठक के लिए जा रहा था कि मेरी गाड़ी सड़क पर एक बड़े गड्ढे में अटक गयी। चार लोगों को उसे धकेलना पड़ा। फिर मैंने अपने चारों ओर देखा और पता है मैंने क्या देखा!

आईना—क्या?

टीनूजी- हर तरफ़ बस गड्ढे ही गड्ढे, अलग अलग आकार के। कुछ इतने बड़े कि चाँद पर के क्रेटर की याद आ जाए। फिर मुझे यह विचार आया। गड्ढों पर विशेष ध्यान दिए जाने की ज़रूरत होती है, है न? मरीजों को भी ध्यान और सेवा की ज़रूरत होती है इसलिए हमारे यहाँ स्वास्थ्य मंत्रालय है। हमें गड्ढों के मंत्रालय की भी ज़रूरत है। है न?

आईना—हाँ, बिल्कुल।

टीनूजी– फिर मैंने तुरंत यह विचार आदरणीय मुख्यमंत्री जी से साझा किया। वे इस महान विचार के लिए तुरंत राजी हो गए। वैसे भी वह अपने मंत्रालय में मुझे एक पद देना चाहते थे। मैंने गड्ढों में इतनी रुचि दिखाई कि उन्होंने मुझे गड्ढों के ऊपर ही मेरा सिंहासन दे दिया। गड्ढों का राजा।

आईना—बहुत अच्छा सर, गड्ढा मंत्रालय क्या काम करेगा?

टीनूजी—हम पहले बंगलुरु के सभी गड्ढों का सर्वेक्षण करेंगे। फिर हम उन क्षेत्रों और सड़कों की पहचान करेंगे जहां सबसे अधिक गड्ढे हैं।

आईना—हाँ ज़ाहिर है उन्हें भरने के लिए।

टीनूजी—नहीं, नहीं यह इतना आसान नहीं है। हम सबसे बढ़िया क्षेत्र (सबसे अधिक गड्ढों वाले) चुनकर फिर उनका नया नामकरण करेंगे—टीनूजी गड्ढा कॉलोनी, टीनू गड्ढा रोड, टीनू गड्ढा ऑटोरिक्शा स्टैंड आदि।

आईना—वाह! हवाईअड्डों की तरह, है न सर!

टीनूजी—हाँ, बिल्कुल। कोई बात नहीं कि मेरे नाम पर हवाईअड्डा नहीं है। टीनूजी गड्ढा कॉलोनी भी अच्छा लगता है। भविष्य की पीढ़ियाँ मुझे याद करेंगी और यह ज़्यादा ज़रूरी है। तुम्हारा क्या विचार है?

आईना—हाँ सर *(बस तभी तक जब तक नया मंत्री आकार कॉलोनी अपने नाम से नहीं कर ले!)* लेकिन गड्ढों का क्या, क्या आप उन्हें भरेंगे नहीं?

टीनूजी—निश्चित तौर पर यही अंतिम योजना होगी। हम यह करेंगे लेकिन उससे पहले हम सबसे अधिक बोली वाले टेंडर आमंत्रित करेंगे। देखिये मंत्रालय निठल्ला नहीं बैठ सकता। उसे अपना कोष भी तो भरना है। फिर हमें एक खगोलीय राशि अलग निकालकर रखनी होगी ताकि ज्योतिषियों, पंडितों, पुजारियों आदि को नियुक्त कर सकें। इसलिए मंत्रालय को पहले कोष चाहिए क्योंकि हमें काम शुरू करने से पहले सारे हवन, होम और पूजा आदि करने होंगे। आपको पता है न शुभ कितना ज़रूरी है।

आईना—हाँ सर। शुभ मुहूर्त, सही समय, सही जगह, सही गड्ढा। सही तकनीक के बारे में क्या विचार हैं?

टीनूजी—ओह, मैं भूल गया.... हम नए जीपीआरएस तकनीक की योजना बना रहे हैं, जो कि मानचित्र पर गड्ढों और भरे हुए गड्ढों का पता लगा सके। यह सूचना सारे इलेक्ट्रोनिक बोर्ड पर प्रदर्शित कि जाएगी और आप उसे अपने मोबाइल पर भी डाउनलोड कर सकेंगे। तब हाइवे पर बिजली की भी ज़रूरत भी नहीं रहेगी। हम बहुत सारी बिजली भी बचा सकेंगे।

आईना—वाह क्या अद्भुत विचार है! फिर से बधाई। अब फोटो खिंचवाते हैं।

टीनूजी—शुक्रिया, शुक्रिया मैडम।

फोटो खिंचवाने जाते हैं।

****

बहुत ही शानदार इंटरव्यू। क्या ही बढ़िया काम है। मैं उम्मीद करती हूँ कि ऐसे ही कुछ और इंटरव्यू मेरे पोर्टफोलियो में शामिल हो सकें।

गड्ढे वाला सुन्दर दिन

आधुनिक भारत के इतिहास में एक और अपनी तरह का पहला अनोखा दिन। गड्ढा बिछाओ आयोजन आज 9 बजे जी एम रोड बंगलुरु में होना तय हुआ है। सजीले निमंत्रण पत्र भेजे गए हैं और मुझे और रन्नी सिंह को भी आमंत्रित किया गया है। यप्पी!! निमंत्रण में बंगलुरु के मशहूर लोग हैं (ज़ाहिर है हम दोनों उतने मशहूर नहीं हैं) । मेयर, कॉर्पोरेटर्स, सॉफ्टवेयर बादशाह, उद्योगपति, फिल्म स्टार और आर्थिक विशेषज्ञ जिसमें चटकीले मिस्टर रूपी राजन, करिश्माई मैडम चाँदनी जैसे लोग शामिल होंगे। साथ ही थोड़े कम करिश्माई, लेकिन सबकी नज़र में आने को आतुर, निकले हुए पेट वाले मिस्टर राजा चाटा भी मौजूद होंगे। वैसे मैं सोच रही हूँ कि अर्थशास्त्री क्यों उपस्थित होंगे। क्या वे गड्ढों के आर्थिक महत्त्व पर अपनी टिप्पणी देंगे? कुछ कहा नहीं जा सकता। शहनाई की तान पर थिरकती हुई मैं ख़ुद को पेज़ थ्री पर देखने का मोह छोड़ नहीं पा रही। यह तो पैपराजी के लिए ख़ूब रोचक होने वाला है। ऐसा लगता है कि नए मंत्री सब कुछ स्टाइल से करने में विश्वास रखते हैं।

गड्ढों पर रिपोर्टिंग

हम गड्ढों के सबसे बड़े केंद्र, बंगलुरु शहर के मध्य बिंदु जीएम रोड के क्रेटर के पास पहुँच गए हैं। ऐसा लग रहा है कि ट्रैफिक अपने अब तक के इतिहास में सबसे मंद रफ़्तार में है और गिनीज़ बुक ऑफ रिकॉर्ड में 0.0001 किलोमीटर

की रफ़्तार के साथ अपना नाम दर्ज कराना चाहती है। पूरी सड़क उत्सव के माहौल में सज गयी है। जहाँ पर गड्ढा बिछाओ आयोजन, जो पिछले चार घंटे से बस अब शुरू होने ही वाला है, वहाँ शामियाना तना हुआ है। थोड़ी राहत की बात यह है कि कोल्ड ड्रिंक, बादाम दूध, नाश्ता आदि लगातार परोसा जा जा रहा है। इसके कारण कई अनामंत्रित लोग भी वहाँ आ चुके हैं, जिन्हें निमंत्रण नहीं मिल सका था।

हम धीरज से इंतज़ार कर रहे हैं, रन्नी और मैं, लगभग मिल्या अस्पताल के दरवाज़े पर खड़े होकर, जहां आने वाले सभी रास्ते पूरे दिन बंद रहे हैं क्योंकि मिस्टर टीनूजी को यहीं से आना है। जब इंतज़ार का हमारा धैर्य ख़त्म होने लगा तो आख़िरकार वह पहुँचे। एकदम उसी चमक दमक में हमने जिस तरह की उनसे उम्मीद की थी। अपने पीछे इक्कीस कारों का काफ़िला लिए हुए, ब्लू सायरन जलाते उस सड़क को गुलज़ार करते हुए।

पूरी सड़क धोयी-चमकाई गयी है, जैसे वहाँ से कोई शाही सवारी निकलने वाली हो। अगर हम कुछ क्षणों के लिए उस बेढब गड्ढे को भुला दें तो उस सड़क की सुंदरता पर अभिभूत हो जाएंगे। पुजारी ढेर सारे फूलों के साथ गड्ढे को सजाने के लिए तैयार हैं। वातावरण में शहनई गूंज रही है।

आयोजन मंत्रोच्चार और सभी देवताओं, गड्ढे से संबन्धित औजारों, आकाश और गड्ढा भरने के मसाले और अंतत: गड्ढे को समर्पित कर आरंभ होता है। जहां गड्ढा भरने का मिक्सर यंत्र अपने काम में व्यस्त हो गया है, वहीं पुजारी अभिषेक और बाकी सारे विधान मंत्री जी से करवा रहे हैं। और फिर महा घड़ी आती है। मंत्री अपना हाथ देते हैं और सब कैमरा क्लिक, फ्लैश के साथ चमक उठते हैं। गड्ढे में मसाला डाला जाता है, यह तुरंत सूखने वाली सामग्री है, सिर्फ़ दस घंटे में जम जाएगी।

हम फिर नामकरण के आयोजन की ओर बढ़ते हैं। बहुत सारे ज्योतषीय विमर्श के बाद जीएम रोड का टीनू गड्ढा रोड रखना स्वीकृत हो गया है। टीनूजी

की एक विशाल प्रतिमा और एक क्रिस्टल-रत्न जड़ी नाम पट्टिका का विमोचन और माल्यार्पण किया गया है।

इस दिन की ख़ासियत रही केक काटने की रस्म और उसके बाद प्रसाद वितरण, जिसके कारण आमंत्रित और अनामंत्रित सभी लोग वहाँ टूट पड़े और शानदार भोजन के शुद्ध आनंद में डूब गए हैं।

हमेशा की तरह हमने सबसे अच्छा सबसे अंत के लिए बचा लिया है। यहाँ तक कि ईश्वर भी ख़ुश लग रहा है और दिन को अपना आशीष दे रहा है। सूरज भी पहले से ज़्यादा चमक रहा है जिससे गड्ढे कि सुंदरता और निखर उठी है।

टीनूजी, ईश्वर आपका भला करे। सभी को यह सुंदर गड्ढे वाला दिन मिले। हमें ऐसे दिन और मिलें।

****

अचानक न जाने कहाँ से मैंगोमैन पार्टी के मिस्टर अनमन प्रकट हुए और उन्होंने सबको आयोजन में शिरकत करने के लिए धन्यवाद करते हुए आम पापड़ बाँटे। मैंगोमैन पार्टी वोटर को रिझाने में लगी हुई है। क्योंकि चुनाव करीब हैं।

चाँद टीवी का काम बढ़िया चल रहा है। सेलिब्रिटी से मिलकर मेरा दिन बन जाता है। हमेशा की तरह जमाल मुझे घर पहुंचाने के लिए हमेशा तैयार मिलता है। उसकी प्रेम कहानी एकदम सही दिशा में जा रही और जल्द ही शादी होने वाली है। इस शादी में मैं ज़रूर जाऊंगी।

न्यूज में वापसी

आईना का स्थानान्तरण

आज जमाल के साथ बहुत जल्दबाज़ी में ऑफ़िस पहुँची। वहाँ कुछ अप्रत्याशित घट रह है। मैडम चाँदनी को गिरफ़्तार कर लिया गया है। उन पर अंदरूनी ट्रेडिंग, कीमतों में हेरफेर और टैक्स में घोटाला करने का आरोप लगा है। सबसे ज़्यादा हैरत की बात है कि चाँद टीवी ध्वस्त होने वाला है। हर दिन जिस तरह से उसकी शेयर की कीमत घटती जा रही है, चाँद टीवी के दफ़न होने के दिन करीब हैं। इससे तभी बचा जा सकेगा जब कोई निजी इक्विटी इन्वेस्टर आकर उसे उबार ले। मैंने सुना है कि कुछ लोगों को कंपनी छोड़ देने का आदेश दे दिया गया है। भाग्य कितना क्रूर हो सकता है, वह भी तब जब मैं सातवें आसमान पर थी। मैं एकदम टूटी हुई महसूस कर रही हूँ। ऐसा लगा रहा कि मेरा नन्हा सा सौभाग्य हमेशा के लिए दफ़न हो गया है।

मिस्टर राजा चाटा से मिलने के लिए मुझे लंबा इंतज़ार करना पड़ा। ऐसा लग रहा था कि उन्होंने ख़ुद को मीटिंग कि एकरसता में डुबो लिया है और अपने आस पास घिरते काले बादल की ओर से आँखें बंद कर ली है। वह अपनी सोच में डूबे हुए थे लेकिन मैं अंदर घुस आई और सवालों की झड़ी लगा दी। 'हम सबका क्या होगा? यह सवाल मिस्टर राजा चाटा की पत्थर जैसी ख़ामोशी से टकरा कर लौट आया। उन्होंने बड़ी ही चालाकी से सारे सवालों की दिशा मक्कार एचआर वेशाकुनी की ओर मोड़ दी। वह एक दुबला पतला, समर्पित आदमी था जिसे हम चमचा भी पुकारते थे। उसकी लोगों की नौकरियाँ खाने की प्रसिद्धि को

याद कर मुझे यह एक शुभ संकेत नहीं लग रहा था।

वेशाकुनी ने हमेशा की तरह गंभीर, कठोर बनाते हुए पूछा, 'आईना, तुमने आगे का क्या सोचा है'?

मैं एकदम अवाक, 'क्या मतलब है आपका? क्या मेरी नौकरी नहीं रही'?

हाँ है, लेकिन सिर्फ कुछ महीनों के लिए। तुम्हें तो पता है कि चाँद टीवी का क्या हाल है, उसके बाद तुम्हें अपना देखना होगा।

यह बहुत बुरा था। मैं अनुरोध की मुद्रा में आ गयी थी, 'क्या इससे बचने का कुछ उपाय है, शायद चंगा टाइम्स में कुछ हो जाए'। हालांकि उसकी मुद्रा एकदम उत्साहवर्धक नहीं थी बल्कि उसके चेहरे के भाव कुछ इस तरह था कि वह कोई प्लेसमेंट एजेंसी नहीं है। लेकिन मैं भी विचलित नहीं हुई, लगातार कोशिश करती रही।

आख़िरकार वेशाकुनी के साथ दो घंटों चली बैठक के बाद, जिसमें सभी संभावनाओं और अनुरोधों पर विचार किया गया, एक जीवन रक्षक रेखा निकल ही आई। चंगा टाइम अभी ही जीवित था और वेशाकुनी मुझे वहाँ भेजने पर राज़ी हो गया था। उन्होंने मेरा स्वागत किया और मैंने भी यह प्रस्ताव लपक लिया। मैं चंगा टाइम्स के सुरक्षित माहौल में जाकर राहत महसूस कर रही थी। वहाँ ज़्यादा कुछ नहीं बदला था। मैं अपने पुराने ऑफिस में जाने पहचाने माहौल में लौट आई थी। हालांकि मुझे अभी चाँद टीवी में बने रहकर अपना एक तात्कालिक स्थानांतरण ढूँढना था जोकि मिस्टर राजा के साथ तब तक काम करे जब तक चाँद टीवी पूरी तरह से डूब न जाये या उबर कर इस समस्या से बाहर निकल आए।

अब समय था किसी नए व्यक्ति को रखना जोकि सब कामों को पहले की तरह चलाये रख सके। यह माउंट एवरेस्ट पर चढ़ने से भी अधिक मुश्किल भरा काम था। इस काम के लिए दक्ष होने के बाद भी मुझे सही उम्मीदवार चुनने की लंबी लिस्ट और बॉस कि आवश्यकता की उससे भी लंबी लिस्ट से गुज़रना था।

1. वह विविधता के लक्ष्य को पूरा करे—*यह बस एक आवरण था, यह कहने का कि वह एक ख़ास लिंग को ही नौकरी पर रखना चाहते थे और इस बात को सीधा कहना राजनीतिक रूप से सही नहीं होता। यह बड़ा सरप्राइज़ था, खासकर उनकी भटकती आँखों को याद कर।*

2. वह पच्चीस साल के नीचे की होनी चाहिए। *ज़ाहिर सी बात है इसे भी नौकरी के अनुरूप कहा गया था लेकिन वजह यह थी कि लड़की अविवाहित हो और आधी उम्र की हो तो और भी अच्छा।*

3. अपने पैरों से सोचती हो, *दिमाग से नहीं*।

4. देर रात तक काम कर सके और उसके बाद पार्टी भी कर सके। यह सबसे प्रमुख गुण होना चाहिए; योग्यता, शिक्षा आदि उसके बाद देखी जाएगी।

यह सूची बढ़ती ही जा रही थी। इसके साथ ही एच आर डिपार्टमेन्ट ने अपनी तकनीकी भाषा के साथ यह काम मुझे सौंप दिया था।

मैंने एक दिन में दस उम्मीदवारों को कड़ाई से परखना शुरू किया। हालांकि यह कहना मुश्किल था कि मैं उन्हें परख रही थी या वे मुझे क्योंकि मेरे आसान सवालों के भी वह विचित्र जबाव दे रहे थे। मैं एक के बाद एक लोगों से मिल रही थी। ऐसे कैरेक्टर जो काम के लिए एकदम उपयुक्त थे और अनुभवी भी लेकिन मोटा चश्मा लगाए किताबी कीड़ा लगते थे, उन्हें दूसरे चरण में मिस्टर राजा ने सीधा ही ख़ारिज़ कर दिया।

ऐसे कितने ही दूसरे चरण के बाद मिस मल्लिका आई। मैं पहली नज़र में ही उसके भारी भरकम 'एसेट' को देखकर गिरते-गिरते बची जिन्हें वह बड़े ही गर्व से प्रदर्शित कर रही थी। उनका प्रदर्शन बहुत उदार था और वे बड़ी ही आसानी से बॉक्सिंग ग्लव्स को टक्कर दे सकते थे। मैं सोच रही थी कि क्या वे असली हैं

....' उम्म, ये आपको कहाँ से मिले? मेरे दिमाग में एक शैतानी ख़याल आ रहा था। क्या हो अगर वह चुन ली जाएँ जबकि उसकी न योग्यता थी, न अनुभव, जो इस नौकरी के लिए चाहिए। दिक़्क़त क्या है? कम से कम बॉस को एक बढ़िया इंटरव्यू लेने का मौका मिलेगा। मैंने उसे दूसरे चरण के लिए भेज दिया।

हम दूसरे चरण के इंटरव्यू का इंतज़ार कर रहे थे। बॉस अंदर आए। उनके चेहरे की एक झलक और मैं समझ गयी कि यही है वो। उनका मुंह खुला ही रह गया था। ज़ाहिर है वह यही चाहते थे। उन घाटियों के चतुराई से दर्शन के बीच कुछ नीरस से सवाल पूछे गए, वे घाटियां जो जितना छिपाई गईं थीं, उतने ही कौशल से दिखाई गईं थीं।

आप कहाँ रहती हैं, आपकी हॉबी क्या है,—इन सवालों का नौकरी से कोई लेना देना नहीं था, ऐसा लग रहा था कि वह उसकी अज्ञानता को मेरे सामने उघारना नहीं चाहते थे। मिस मल्लिका के पास अनुभव नहीं था लेकिन उसके पास जो था, वही उन्हें चाहिए था। उन एसेट ने अपना काम कर दिखाया और काम हो गया। मैंने राहत की साँस ली। इससे क्या फर्क पड़ता है कि वह कुछ नहीं जानती। अब और बोरिंग इंटरव्यू नहीं लेना होगा। लेकिन बिचारे बॉस का काम बढ़ गया। अब बिचारे को सब काम ख़ुद करना होगा। उम्मीद है कि उन्हें दूसरी राहत मिल जाएगी।

मुझे पछतावा हुआ कि मैंने पहले ही उम्मीदवारों में यही गुण क्यों नहीं देख लिया और इंटरव्यू के पीछे इतनी मेहनत और समय बर्बाद किया। काश कि यह दूरदृष्टि पहले आ जाती। ख़ैर! जीवन सही चल रहा है, मैं जल्दी चंगा टाइम्स में वापस जा रही हूँ।

कॉफ़ी जौहर का क़सीदा

आख़िरकार मैं पत्रिकारिता के अपने पुराने सुनहरे दिनों में वापस लौट गयी हूँ। क्या अनुभव है! हमेशा मैडम चाँदनी, चाँद टीवी, मिस्टर राजा चाटा जैसे नामों का जाप करने से अच्छे भले दिमाग की चटनी या रायता बन सकता है। आज सुबह जमाल के साथ ऑटो रिक्शा की यात्रा पहले की तरह रही। वह ख़ूब ख़ुश और संतुष्ट लग रहा था और किसी ऐसी बिल्ली की तरह ख़ुश था जिसे मलाई मिल गयी हो। इसमें मेरा भी कम योगदान नहीं था। चंगा टाइम्स में वापस लौटना और मिस मालिनी, चंगा टाइम्स की प्रमुख के साथ काम करना बहुत सुखद था। मुझे ईश्वर और कॉफ़ी जौहर दोनों को धन्यवाद करना चाहिए जिनके कारण मैं यहाँ आ सकी थी। मैं यादों में लौट गयी हूँ, उन यादों में जब मैं पहली बार चंगा टाइम्स में आई थी।

डायरी के पुराने पन्नों से

यह सब बॉलीवुड के एक हानिरहित ट्रिप से शुरू हुआ था। मेरी लेखन की प्रेरणा कोई और नहीं, कॉफ़ी जौहर थे-प्यारे से केजो और वे प्यारी सी फिल्में जो वे बनाते थे– कितनी आसानी से पुराने और नए, आधुनिक और पांपरिक मूल्यों को आपस में मिलाते हुए जिनमें इतना प्यार, फंतासी और भारतीय सपने भी बुने होते हैं। मेरी प्रेरणा सिर्फ़ वह ही नहीं, वे महान चार अंक भी थे।

मैं कभी अंक ज्योतिष की प्रशंसक नहीं थी लेकिन पिछले चार सालों में

जब से मैंने देखा कि केजो की सभी फ़िल्मों के नाम चार शब्दों के थे तब से मेरे विचार बदल गये। *माय नेम इज़ खान, कुछ कुछ होता है, कभी ख़ुशी कभी गम।* ये सब फिल्में बहुत प्यारी थीं लेकिन उससे भी बड़ी बात वे बॉक्स ऑफ़िस पर बहुत सफल थीं। अगली फिल्म शायद होगी- *कु क्लक्स क्लैन कौन, क क क किरण*, और अगर डॉक्टर्स को ध्यान में रखकर फिल्म बनाई जाएगी तो *कभी खांसी कभी जुकाम, कल पेसेंट हो न हो*। क्या यह संभव है केजो कि आप चार अंकों में बहुत ज़्यादा विश्वास करते है। अगर ऐसा है तो हम आप एक दूसरे से कहीं न कहीं जुड़े हुए हैं, फिल्मी इस्टाइल में कहूँ तो इस जन्म में नहीं तो शायद पिछले जन्म का संबंध हो।

मैं उस समय में पीछे लौटती हूँ कि किस तरह अंक ज्योतिष में बिल्कुल विश्वास नहीं करने वाली मैं उसकी सबसे बड़ी प्रशंसक बन गयी। मैं पहले ऑफिस में केबिन नंबर 29 में बैठा करती थी लेकिन एक बार मेरा एक सहकर्मी यही केबिन अपने लिए मांगने लगा। उसका मानना था कि अंक ज्योतिष के हिसाब से यह अंक उसके लिए शुभ है। वह इसपर इतना विश्वास करता था कि उसने अपने बच्चे का जन्म, समय, स्थान सब अपने लकी नंबर के अनुरूप जोड़कर तय किया था (उसकी पत्नी का सिजेरियन ऑपरेशन)। एक दिन उसने घोषणा की कि मेरा बच्चा ग्यारह बजे पैदा होगा। और कैसे! तो उसने विस्तार से बताया कि किस तरह उसके अंक ज्योतिषी ने गायनकोलॉजिस्ट को समझाया है कि बच्चे को माँ के गर्भ से ठीक इसी समय निकाला जाए। पता नहीं उसने अंकों के साथ और क्या-क्या प्लान किया होगा। मुझे पूछने की हिम्मत नहीं हुई लेकिन मेरा दिमाग कल्पनाशील हो उठा (क्या उसने बच्चे के गर्भ में आने का समय भी तय किया था)

मैं इस मामले में अधिक नहीं जानती न ही मैंने कोई शोध किया था इसलिए अपनी कल्पना को लगाम दिया और केबिन नंबर 29 को त्याग कर केबिन नंबर 22 का रुख किया। त्याग शब्द से किसी रानी के अपने मुकुट को त्यागने जैसी अनुभूति होती है लेकिन यह सिर्फ़ एक जगह छोडने की बात थी।

अगर इस पर गौर करें तो पाएंगे कि बाईस का अंक जोड़ने पर चार बनता है। तभी मैंने अपना चार अक्षरों वाला ब्लॉग शुरू किया और फ्रीलान्स लेखक बन गयी। और तभी मैंने यह ध्यान दिया कि चार अंक मेरे लिए बहुत सौभाग्यशाली है। यह बात और पुख्ता हुई जब अंक ज्योतिषियों ने बताया कि लिखने का मेरा दौर पहले ही शुरू हो गया था हालांकि थोड़े विचित्र ढंग से। पत्रकारिता को अपना कर पूरी तरह लेखन में आने से पहले मैं जब बाईस साल की थी तो म्यूचुअल फंड के लिए डेब्ट और इक्विटी रिसर्चर के तौर पर लिखने लगी थी। वहाँ लोग (विश्लेषक के सजीले नाम से) बोरिंग कंपनियों के बारे में रोचक कहानियाँ लिखते हैं ताकि कागज़ों पर उन्हें चमकता हुआ दिखा सकें। जैसे ग्रेनाइट- पृथ्वी का अगला सबसे वांछित पत्थर जोकि जल्दी ही खत्म होने की कगार पर है क्योंकि बहुत सारे लोग उसको अपनी क़ब्र को सजाने के लिए इस्तेमाल कर रहे हैं। इसलिए जितना हो सके उन कंपनी के स्टॉक लें जो ऐसे कीमती क़ब्र के पत्थरों में निवेश कर रही है। मरने से पहले खरीदिए।

उन बूट कैंप का शुक्रिया जिन्होंने हमें बिचारे विश्वासी निवेशकों के लिए ऐसी रोचक कहानियाँ लिखना सिखाया ताकि वह अपने मेहनत से कमाए गए पैसे को कुछ चमकीले कागज़ों को खरीदने में लगा दें।

सबसे ज़रूरी बात कि सबसे पहले चार अक्षरों के नाम वाली डॉक्टर मीरा ने मेरा यह हुनर खोज निकाला था और वह भी प्रभावी ढंग से। यह छोटी और प्यारी चश्मे वाली महिला बड़े-बड़े गणितज्ञों आईआईआईएम के पोस्ट ग्रेजुएट प्रोग्राम के दिग्गजों को भी अपने भारतीय समाज के बारे में दृढ़ निश्चयी विचारों से मैदान छोडने पर बाध्य कर देती थी। यह ज़रूरी कोर्स था इसलिए बचने का कोई रास्ता नहीं था। कोर्स के अंत में एक प्रश्न पत्र था जिसमें भारतीय समाज के बारे कई निबंध और लंबी कहानियाँ लिखनी थीं।

कई लोगों ने इस वजह से कोर्स छोड़ दिया क्योंकि वे इस पेपर में मूर्ख नहीं दिखना चाहते थे। लेकिन मैंने अच्छा प्रदर्शन किया, मुझे ए मिला था। और

जैसे यही काफ़ी नहीं हो, डॉक्टर मीरा ने मुझे अपने कमरे में बुलाया और पूछा, 'तुम्हारा उत्तर कैसा था?' मैंने धीमे से जबाव दिया, 'मुझे लगता है ठीक था' तभी तुरंत उनका प्रतिउत्तर आया, 'ठीक? वह अद्भुत था'।

यह मेरी साहित्यिक क्षमता से मेरा पहला वास्ता था जिसपर मैंने ध्यान नहीं दिया। सॉरी डॉ. मीरा अगर मैंने इसपर ध्यान दिया होता तो मैं कहीं और होती!

****

अब चूंकि मेरी किस्मत और चार के अंक के बीच का खगोलीय नाता निकल चुका है, मुझे अपने जीवन की योजना बनाने में आसानी होगी। वैसे भी अंकों के हिसाब से अपनी योजनाएँ बनाना अधिक आसान है, ज्योतिषियों के मँहगे और बहुत समय व्यर्थ करने वाले चक्कर काटने के जो दशा, तिथि, ग्रह, नक्षत्र जैसी कितनी ही अबूझ बातें बोलकर आपको कोई सलाह देते हैं जो अक्सर किसी काम की नहीं होतीं। इसके विपरीत अंक ज्योतिष एकदम सहज है, कुछ भी करने से पहले अंकों को जोड़ लो, अगर चार आता है तो वह सही नहीं, अगर नहीं तो उसे रोक दो। एक आलेख का जोड़ भी मेरे लिए हमेशा इतना ही आना चाहिए। अंकज्योतिष के कारण ही मैं अच्छा प्रदर्शन कर रही हूँ।

चीजों को और बेहतर करने के लिए मैंने अब पहले से अधिक गालियां देनी शुरू कर दी है। क्योंकि ज़्यादातर गालियां चार अक्षरों की हैं। इसलिए मैं और केजो लकी हैं, हमारा अंक मिलता है। शुक्रिया केजो और शुक्रिया अंक चार के देवता मुझे प्रेरित करने के लिए।

सेक्स, शर्म और स्कैंडल

स्कैंडल हो गया है। मिस्टर राजा चाटा पर अपनी बीस साल की मुलाज़िम के यौन शोषण का आरोप लगा है। जैसी की उम्मीद थी उन्होंने कहा है कि वह निर्दोष हैं और इस मामले में उन्हें फंसाया गया है। यह सब गोवा के एक कॉन्फ्रेंस में लिफ्ट में हुआ। लगता है कि मिस्टर राजा चाटा अपनी भटकती हुई आँखों या हाथों को रोक नहीं पाये होंगे। यह तो होना ही था।

इस स्कैंडल से ज़्यादा बुरी इसकी ख़बरें हैं। मैडम चाँदनी को भी अख़बार वालों ने लपेट लिया है कि वह इतने समय तक चुप क्यों रहीं और उन्होंने मिस्टर राजा चाटा के खिलाफ़ कोई कार्यवाही क्यों नहीं की- जैसा कि कानून की मांग थी। उन्होंने इस मामले को छिपाया।

मीडिया सारी अंदरूनी बातों को बाहर लाकर तमाशा बनाने पर आमादा है। मैंगोमैन पार्टी भी पीछे नहीं है। मिस्टर अनमन इस मामले में जोर शोर से मैदान में उतरे हुए हैं। पार्टी अभी बहुत प्रभावी हो चुकी है। काश कि मुझे भी अपनी बात कहने का मौका मिलता लेकिन मेरा ऐसा सौभाग्य कहाँ! चंगा टाइम्स चाँद टीवी का ही सहयोगी अखबार है इसलिए चुप रहने में ही भलाई है। मूक दर्शक की तरह सब चीज़ों की गवाह बनी हुई हूँ और हर रोज़ एक नयी कहानी खुल रही है।

जैसे सब कुछ कतार में लगे हुए इंतज़ार में थे। एक-एककर ऐसी कई कहानियाँ बाहर आने लगीं जैसे लकड़ी पर कतार में चलती दीमकों की पंक्ति हो। कहीं किसी कलीग ने छुआ, कहीं किसी ने आँख मारी, कहीं सिर हिलाया।

इतनी वाहियात बातें कि उन्हें पढ़कर लगा कि ये मीडिया का ध्यान पाने के लिए, भले ही बुरी, लेकिन गढ़ी हुई कहानियाँ थीं।

और इस बीच कुछ रोचक बातें भी होने लगीं। नेता, धर्म गौरी टीवी की बहसों में बुलाये जाने लगे जो चतुराई से यह बताने लगे कि समाज में इस अनैतिकता की वजह क्या है। दरअसल वह तो यह कहना चाहते थे कि किस तरह आदमी जानवर में बदल रहा है। कुछ रोचक तथ्य सामने आए। खाप पंचायत, जिनपर एक समुदाय की सभी शादियों का जिम्मा है, उनका वक्तव्य आया कि लड़कियों की लगभग बारह साल में शादी कर देनी चाहिए ताकि उनका शोषण न हो। वाह! मर्दों की हवस को नियंत्रित करने का क्या ही बढ़िया उपाय! किसी ने कहा कि लड़कियों को स्कर्ट पहनना छोड़ देना चाहिए, शरीर ढकने वाले कपड़े पहनने चाहिए। किसी मुक्त आत्मा ने कहा कि हमें पर्दा वाले दिनों में वापस हो जाना चाहिए और बाहर की दुनिया देखने के लिए बस आँखों के पास झरोखा मिलना चाहिए। एक ने कहा औरतों को अंधेरे के बाद बाहर नहीं निकलना चाहिये ताकि उनका शोषण या बलात्कार रुक सके। शायद उन्हें बाहर ही नहीं निकलना चाहिए।

स्त्री मुक्ति के लिए इतना कुछ! कुछ तथाकथित ज्ञानवान नेता अपने पुराने समाधान पर ही लौटते दिखे कि औरतों को चूल्हा या गैस स्टोव के पीछे ही कैद रहना चाहिए और उन्हें ज़्यादा बहादुर या बिंदास नहीं बनना चाहिए। कुछ ऐसे भी निष्कर्ष सामने आए कि बलात्कार सिर्फ आधुनिक इंडिया में ही होते हैं, यह पाश्चात्य सभ्यता का प्रभाव है। इस तरह की घटनाएँ भारत में नहीं होती थीं। हमें जंगली पाश्चात्य सभ्यता का विरोध करना चाहिए जोकि लोगों की सेक्स संबंधी इच्छाएँ भड़का देता है और हमारे भारतीय मर्दों का दिमाग प्रदूषित कर देता है। नहीं तो वे बेचारे तो बलात्कार छोड़िए वासना के बारे में भी सोचने में सक्षम नहीं हैं। इसलिए हमें हमारी जड़ों की ओर लौटना होगा। हो सके तो हमारे प्राचीन गुरु मनु की लिखी हुई बातों का अनुसरण करना होगा जिन्होंने औरतों को झुककर रहने की शिक्षा दी थी।

यह सब हर दिन और रोचक होता जा रहा है। सबसे बढ़िया बात इलाहाबाद कोर्ट की डांट रही—मर्दों के जिप को बंद कर उन्हें भी घर में बंद करो और

चाबी कहीं घर में सुरक्षित रख दो। यह सम्मानीय न्यायधीशों द्वारा कही गयी एक बेजोड़ बात रही। मैं कल्पना कर रही हूँ कि कोई 'सेक्योर सॉल्युशन' या 'वन स्टॉप शॉप' जैसी कंपनी जल्द ही कई तरह के जिप, ताले, चेन वाले ताले, पैड ताले, नंबर वाले ताले आदि लेकर बाज़ार में आए ताकि लोग मुसीबत में पड़ने से बच सकें। शायद में भी रन्नी सिंह को उसकी हवस काबू में रखने के लिए कोई जिप लॉक उपहार में दूँ और फिर मज़े से उसकी प्रतिक्रिया देखूँ।

मामला अदालत में है और मिस्टर राजा चाटा संभावित गिरफ्तारी से बचने के लिए भागे हुए हैं। मैं साँस रोके देख रही हूँ कि वह कानून से बचकर कहाँ तक भागते हैं और कब उनपर कानून का शिकंजा कसता है।

और अंत में मैंगोमैन पार्टी के लगातार आंदोलन और मांग का नतीजा है कि मिस्टर राजा चाटा जेल के अंदर हैं, जहां कि उन्हें होना ही चाहिए था। इन सब नाटकों से थके हुए लोगों ने राहत की सांस ली है और दिवाली की तैयारी में लग गए। मैं भी अब दिवाली की सफाई, पटाखे, रोशनी और मिठाई की तैयारी में लगूँ!

भारतीयों की दिवाली

राष्ट्रपति का दिवाली उत्सव

अब कुछ असली ख़बरें हो जाएँ और दिवाली भी। यह यूनाइटेड स्टेट के राष्ट्रपति के जीतने के दिन हैं। लोगों के कान इस जीत के आयोजन के विरोध में उठी आवाज़ों के साथ संतुलन बनाने में लगे हैं और जमाल का अब जर्जर हो चुका ऑटोरिक्शा सड़क के गड्ढों के साथ संतुलन बनाने की कोशिश में लगा हुआ है। उसे उम्मीद है कि शादी के बाद वह नया ऑटोरिक्शा ले लेगा। इस सड़क पर रोज़ ही किसी की मदद की ज़रूरत पड़ती है। मिस्टर राष्ट्रपति ज़रूर हमारी मदद करेंगे अगर मैं उन्हें पत्र लिखूँ। मैं उन्हें जल्दी से एक पत्र लिखती हूँ।

अमरीकी राष्ट्रपति को पत्र

आदरणीय राष्ट्रपतिजी,

जीत की बधाई। लेकिन भारत में छूट रहे इन सभी पटाखों का आपकी जीत से कोई लेना देना नहीं है। बात बस इतनी है गाय फ़ौक्स और दिवाली करीब है। वैसे भी हम आपकी जीत का उत्सव क्यों मनाएँ? हम तो देशी सिलीकॉन वैली हैं, आपके कस्बाई चचेरे भाई बंगलुरु वाले जिन्हें आपने हमेशा दोयम दर्जे पर रखा है। हमने ऐसा क्या किया है कि हमसे यह पक्षपात पूर्ण व्यवहार किया जाये, हमारे कीमती वोट बैंक के बाद भी। हमें इस कल्पना के लिए भी माफ़ कर दिया जाना चाहिए कि हम आपकी चमचमाती सड़कों जैसी सड़कें यहाँ भी चाह रहे हैं लेकिन हमें मिल रहे हैं सिर्फ़ सड़क के गड्ढे। आपसे पहले के राष्ट्रपति सिर्फ़ सिलीकॉन वैली के बारे में ही सोचते थे और अपने देस के चचेरे भाई को बिलकुल

उपेक्षित छोड़ दिया। यह सब जानते हैं कि हमारे राष्ट्रपति कई और ज़रूरी मुद्दों जैसे कावेरी जल विवाद, डीजल के दाम बढ़ना, टैक्सी हड़ताल, ट्रांसपोर्ट के बंदी आदि निबटाने में व्यस्त रहते हैं और सड़क के गड्ढों जैसे मुद्दे को उन्होंने ऊपर के लोगों को निबटाने के लिए छोड़ दिया है, आप जैसे लोगों पर।

आपके पूर्ववर्तियों ने सड़कों की दशा सुधारने के लिए क्या किया? कुछ नहीं। वे इसमें पूरी तरह असफल रहे और सड़कें युद्ध के मैदान में बदल गईं। हर तरफ़ पत्थर, दरारें, रेत के बोरे और गड्ढे अपनी जगह के लिए कार, बाइक, ऑटोरिक्शा और सड़क के कुत्तों के साथ मारामारी करते रहे। तभी हम भारतीय सड़क के 'लेफ्ट' में चलते हैं क्योंकि उतना ही हिस्सा हमारे लिए 'लेफ्ट' या छूटा हुआ बचता है। लेकिन आपने अपनी सिलीकॉन वैली की सड़कों को इतना चमका दिया है, आपको उनका वोट मिला और आप जीत गए राष्ट्रपति जी। अगर आप अपनी उन होम कंपनियों का दौरा करने का विचार करें, जो देशी सिलीकॉन वैली जिसे एम्बैसी गोल्फ लिंक्स (थोड़ा परिष्कृत नाम) में बिल्कुल गड्ढों के दूसरी ओर संचालित हो रही हैं तो आपको उन्हें देखकर बहुत अच्छा लगेगा। गूगल, नेट एप्स, टार्गेट, याहू, माइक्रोसॉफ्ट और कई ऐसे नाम आपके स्वागत के इंतज़ार में हैं। हमने सुना है कि आप विश्व के दौरे पर हैं। कृपया हमारे देशी सिलीकॉन वैली भी ज़रूर आएँ ताकि हम भी चमकदार सड़कों का आनंद उठा पाएँ और उस पर लाल कालीन बिछा करा आपका स्वागत कर सकें, भले ही कुछ घंटों के लिए ही सही। उसके बाद सड़कें अपने पहले की युद्ध जैसी अवस्था में वापस आ जाएंगी। हम आपकी जीत और दिवाली का जश्न एक साथ मनाएंगे और कानों को बहरा कर देने वाले बम चलाएँगे। देशी सिलीकॉन वैली में आपको शीघ्र देखने की उम्मीद लिए,

सादर

आईना राव।

****

मैं राष्ट्रपति जी की चिट्ठी लेकर पोस्टऑफिस गयी और फिर वापस काम पर आ गयी। वही राजनीति, हत्या, छोटे-मोटे अपराध आदि रोज़ के समाचार

कवर करने के लिए। आज की ख़ास ख़बर यह है कि मिस्टर अनमन के नेतृत्व में मैंगोमैन पार्टी सड़कों की बुरी हालत के लिए आंदोलन कर रही है। इस बार आंदोलन में अन्य विपक्षी पार्टियां भी शामिल हो गईं हैं और अपने उदासीन खोल से बाहर निकलकर जनता का ध्यान आकृष्ट करने के लिए मैंगोमैन पार्टी को कड़ी टक्कर दे रही हैं।

और कैसे, सड़कों पर लोटो आंदोलन छेड़कर। स्थानीय नेता बनाम दादा लोग बंगलुरु कि प्रमुख गड्ढों वाली सड़कों पर लोट रहे हैं, जोकि इस लोटो अभियान के लिए विशेष तौर पर चुनी गयी हैं। इसमें सड़कों पर लगने वाले जाम और सड़कबंदी से किसी को क्या लेना देना। यह दरअसल सड़क पर लोटो आंदोलन है और देखने वाला दृश्य है। कई लंबोदर नेता, सफ़ेद धोती कुर्ता पहने सड़क के एक छोर से दूसरे तक लोट रहे हैं। थोड़ी सी कल्पना, ताज़ा तारकोल और मानव रोड रोलर के साथ हमें बिल्कुल नयी सड़कें मिल सकती हैं। उन्हें देखने वाली भीड़ आँख फाड़े हुए यह दृश्य ताक रही है और हंस हंसकर ध्यान आकृष्ट करने की इस आतुर कोशिश को देखकर लोट पोट हुई जा रही है।

जमाल, जिसकी प्यार की गाड़ी पटरी पर आ चुकी है, यह सब देखकर मुझसे पूछता है, 'मैडम, आप पत्रकार क्यों बनीं? लिखने का क्या फ़ायदा है? आप चुनाव में खड़े होकर नेता क्यों नहीं बन जातीं जो सड़कों की स्थिति सुधारे, सिर्फ़ उनपर लोटे नहीं। अपने आस पास देखिए, राजनीति में कितने नए चेहरे हैं- अभिनेता, गायक, कॉमेडियन, और गुंडे भी। फिर आप क्यों नहीं?

मुझे नहीं पता मैं इनमें से किस श्रेणी में आती हूँ और मुझमें पूछने की हिम्मत भी नहीं है लेकिन जमाल ने बात तो सही कही। मेरे दिमाग में एक बीज पड़ गया है। शायद समय आ गया है कि मैं बोलना छोड़कर कुछ करूँ। देश में जल्दी ही चुनाव होने वाले हैं, मुझे यह विचार करना होगा कि कौन सी पार्टी इतनी उदार है जो मुझे टिकट दे। मैं कहाँ उपयुक्त हो सकती हूँ।

भाईदूज का दिन

आज भाईदूज है, चंगा टाइम्स में छुट्टी का दिन, एक ख़ुशनुमा दिन। लेकिन मैं और रन्नी किसी भाईदूज के आयोजन में आमंत्रित नहीं किए गए हैं। शायद इसलिए कि रन्नी की कोई बहन आस-पास नहीं रहती, न अपनी न मुंहबोली।

(रन्नी की छवि कैसानोवा वाली है। उसने एक दिन मुझे अपना एक बुरा सपना बहुत ही चित्रात्मक तरीके से बताया कि किस तरह वे सभी लड़कियां जिन पर वह मोहित था, यह जानने के बाद कि वह उनके साथ समय व्यतीत कर रही है, राखी लेकर उसके पीछे दौड़ने लगीं। उसने एकदम बीते युग की बात सपने में देखी है। आज की लड़कियां इतनी बिंदास हैं कि वे सीधा कह देतीं हैं, मुझे तुममें कोई रुचि नहीं है या फिर एक करारे तमाचे के साथ किसी भी तरह के अवांछित कदम को वहीं रोक देती हैं।)

आज का दिन किसी वरदान की तरह आया है। मुझे मुंबई (पहले बंबई) बुलाया गया है, भारत के इतिहास में पहली बार मनाये जा रहे एक अनोखे भाईदूज आयोजन की रिपोर्टिंग करने।

मैंगोमैन पार्टी ने भाईदूज मनाने का एक अनोखा तरीका निकाला है। शायद वह समझ गये हैं कि पुरानी चीज़ सोना होती है और उसे नये संदर्भ में इस्तेमाल कर उससे अच्छा फ़ायदा लिया जा सकता है। इसलिए यह पुराना त्योहार जो भाइयों के सम्मान में शुरू किया गया था अब इसमें बदलाव लाकर इसे स्थानीय

माफिया डॉन, जो मुंबई के भाई नाम से प्रचलित हैं, उनका सम्मान करके मनाया जाएगा। इससे अच्छी बात एक पार्टी के लिए क्या होगी। उसपर लोगों का ध्यान भी आकृष्ट होगा और चुनाव में शहर पर राज करने वाले माफिया भाई लोगों का सहयोग भी मिल जाएगा। पार्टी के नेताओं ने घोषणा की है कि यह आयोजन धारावी पार्क में मनाया जाएगा और इसके लिए आम जनता को आमंत्रित किया है। धारावी पार्क में भारी भीड़ जमा है। मुंबई वाले भाइयों को खुले में देखने की उम्मीद से जमा हो गए हैं क्योंकि ऐसे तो वे हमेशा पर्दे के पीछे ही बने रहते हैं।

यह बात भी तथ्यपरक लगती है कि कई लोग (सेलिब्रिटी भी) वहाँ इसलिए जमा हो गए हैं कि वह भाइयों की उगाही से तंग आ चुके हैं (उगाही भाइयों कि आमदनी का मुख्य स्त्रोत है) और इस मौके को एक सुनहरे अवसर की तरह देख रहे हैं कि अपने कुछ मेहनत से कमाए पैसे उनसे वापस वसूल सकें। भाईदूज के साथ यह अनोखी रस्म भी तो बंधी है कि भाई को टीका लगाओ, राखी बांधों और बदले में बढ़िया सा उपहार पाओ। है कि नहीं?

मैंगोमैन पार्टी अपने इस शानदार आयोजन के लिए चर्चा में है। हजारों लोग अपने नवनियुक्त भाइयों को राखी बांधने पहुंचे हैं। भाई लोग भी अपने लिए इतना प्रेम देखकर हतप्रभ हैं और ख़ूब गौरवान्वित महसूस कर रहे हैं। यह अलग बात है कि कल वह फिर अपने सभी अनाधिकारिक भाई बहनों के पास वापस जाएँगे और अपना उपहार, हफ्ते के रूप में वापस मांगेंगे। इस प्रक्रिया से एक ही पैसा बार बार यहाँ से वहाँ घूमता रहता है।

लेकिन आज भाई लोगों का रूप अलग है। मैंगोमैन पार्टी की भी इस नये तरह के विचार के लिए ख़ूब तारीफ हो रही है और देश की जनता का ध्यान उनकी तरफ़ गया है। सभी न्यूज़ चैनल वाले इस आयोजन का लाइव प्रशारण कर रहे हैं जो अब खत्म होने वाला है और जिसके बाद ख़ूब बढ़िया भोजन का प्रबंध है। लोग मिठाई और पकवान का आनंद उठा रहे और मैंगोमैन पार्टी भाइयों को रथ में बिठाकर सड़कों पर घूमा रही है। एक तरह का मोर्चा निकला हुआ है जिसमें भाइयों की जय का उद्घोष हो रहा है। पहले से ही जाम सड़कों

पर था अब और जाम लग गया है। चंगा टाइम्स की प्रतिनिधि के तौर पर इस आयोजन को कवर करते हुए भाई लोगों को मुंबई की सड़क पर सम्मानित होते देखकर मैं एकदम हतप्रभ हूँ। मैंने भारतीय राजनीति की जितनी समझ पायी है वह यह है कि यह हमेशा आपको अपने रुख से आश्चर्यचकित करती रहती है।

यह एक शानदार दिन रहा और अपनी तरह का अनोखा जहां भाई लोग, मैंगो मैन पार्टी, भाईदूज और मुंबई अपने पूरे शबाब में दिखी। सत्ता में बैठे लोग इससे बहुत दुखी हैं। मैंगोमैन पार्टी की अचानक बढ़ी लोकप्रियता देखकर वह हतप्रभ रह गए हैं और बंद दरवाज़े के पार उनकी बैठकें चल रही हैं कि उनका अगला कदम क्या हो। उन्होंने इसकी काट में एक नयी रणनीति बनाई है कि वे बहनदूज मनाएंगे। इसमें वे बहनों के प्रति अपने स्नेह सम्मान दिखाएंगे, नकली या असली इससे क्या फ़र्क पड़ता है। धारावी पार्क में फिर से लोगों को आमंत्रित किया गया है, इस बार बहनों पर अपना प्रेम दिखाने के लिए।

पार्टी ने इसके लिए सभी संभावनाएं तलाश की है। जैसे मंदिरों की देवदासियों को बुलाने की या रूप कुँवर नामक (21वीं सदी में इसी नाम की एक स्त्री सती हुई थी) को बुलाकर सम्मानित करने का विचार किया गया। शुक्र है ये सभी विचार स्थगित कर दिए गये क्योंकि इनके कारण लोगों के विरोध का ख़तरा था। इस आयोजन को सहज बनाने के लिए अंततः स्थानीय अस्पताल से नर्सों (जिन्हें सिस्टर बुलाया जाता है) को सम्मानित करने का फैसला लिया गया। उन्हें मंच पर सम्मानित करने के साथ-साथ मुंबई की सड़कों पर सजीले रथों और बग्घियों में घुमाया जाएगा। अधिकारी उन्हें मँहगे क्रिस्टल और रत्न जड़ी राखियाँ उपहार में देने की योजना बना रहे हैं जो नई बनी बहनों की कलाइयों पर बांधी जाएंगी। इस आयोजन का सबसे बड़ा आकर्षण राखी सावंत होंगी जो इस मौके पर अपने नृत्य का प्रदर्शन करेंगी।

साथ ही आम जनता और स्त्रियों को प्रभावित करने के लिए बहनदूज के इस दिन को सार्वजनिक छुट्टी का दिन घोषित कर दिया गया है। इस आदेश को प्रेस

रिलीज़ की तरह निकाला गया है जैसे कोई आपातकालीन सूचना निकाली गयी हो। बहुत बढ़िया काट सोची गयी है। लेकिन जिस तरह से सार्वजनिक छुट्टियों की संख्या बढ़ती जा रही है, मुझे लगता है अब काम के दिनों की सूची निकालनी होगी। वे अब संक्रमित वर्ग में अपना नाम दर्ज कर चुके हैं।

****

भाईदूज और दिवाली के दिन चल रहे हैं। काम पर दिन एकदम शांत है। बॉस तीन पत्ती खेल रहे हैं और जूनियर भी खेल में व्यस्त हैं। मैं भी आलसी की तरह पड़ी दिन का आनंद उठा रही हूँ। जमाल के जीवन का बड़ा दिन आकर बीत चुका है और अब वह शादीशुदा है।

शादी का सीजन इस साल के लिए खत्म हो चुका है और मुझे भी ज़बरन आपकी ज़िंदगी में दखल देने वाले ऐसे लोगों के सवालों से मुक्ति मिल गयी है कि तुम और रन्नी कब शादी कर रहे हो। फ़िलहाल वे शांत हैं। बढ़िया समय चल रहा है। बस यह बना रहे।

भारत-विलाप

भारत का बलात्कार

भयावह! कभी-कभी चंगा टाइम्स के लिए रिपोर्टिंग बहुत ही दुखद अनुभव बन जाता है, ख़ासकर जब जीवन इतना भीषण बन जाए। तेईस साल की एक युवा लड़की अस्पताल में पड़ी जीवन और मृत्यु के बीच संघर्ष कर रही है। ख़ुद को इंसान कहने वाले हैवानों ने उसके शरीर और आत्मा पर भयंकर अत्याचार कर उन्हें छलनी कर दिया है। अपराधी दो रसूखदार परिवार के साहबज़ादे हैं, अतः उनके बच निकलने की भी उम्मीद की जा सकती है। दिल्ली की सड़कों एव अन्य शहरों में आंदोलन शुरू हो गया है। मैंगोमैन पार्टी और ऐसे दल जो ख़ुद को जनता का आदमी बताते हैं, इन आंदोलनों का नेतृत्व कर रहे हैं। लोग दुख में हैं और उस लड़की के ठीक हो जाने की प्रार्थना कर रहे हैं। उसे अमानत नाम दिया गया है। इस घटना ने पूरे भारत को हिला कर रख दिया है, ऐसा कभी देखने में नहीं आया था।

क्या यह नया भारत है? जागृत भारत, अपने व्यक्तिगत अधिकारों को अभिव्यक्त करता हुआ, अपनी स्वतन्त्रता के लिए सजग। बहुत साल पहले आज़ादी के आंदोलन और हालिया भ्रष्टाचार के विरुद्ध हुए आंदोलन के बाद का यह आधुनिक भारत अपने भयंकर रूप में तब्दील हो गया है। अमानत पर किये गये अत्याचार की ख़बरें टीवी चैनल वाले बार-बार दिखा रहे हैं। कभी कभी यह सब झेल सकना असंभव हो उठता है और अपनी पीड़ा को कम करने के लिए मैं अपनी शब्दों की दुनिया का सहारा लेती हूँ।

एक और दिन, एक और बलात्कार

यह वो शब्द है जिसे आलेख में इस्तेमाल करते मुझे सबसे ज़्यादा भय लगता है। इसके साथ ही जो कुछ और शब्द मैं इस्तेमाल करना चाहती हूँ, वह है, इसे हर हाल में बंद होना चाहिए। सिर्फ़ बलात्कार ही नहीं, इसके साथ साथ स्त्रियों का शोषण, उनके साथ हिंसा, छेड़-छाड़ और ऐसी फ़ब्तियाँ भी जो कुछ ऐसे घटिया मानसिकता वाले लोगों द्वारा की जाती हैं जो स्त्रियों को अपनी विकृत हवस को पूरा करने के सामान मानते हैं। किसी भी समाज, धर्माधिकारी, पंडित, नेता, जो यह सोचते हैं कि औरतों की जीवनशैली तय करना उनका अधिकार है, उन्हें यह हक नहीं कि वे स्त्रियों के जीवन को निर्देशित करें। मिस्टर बापू जैसे सनकी नेताओं को भी यह कहने का हक नहीं है कि स्त्रियाँ बलात्कार को आमंत्रित करने के लिए ख़ुद ज़िम्मेदार हैं। फिर तो मिस्टर बापू आप अपनी लिंचिंग के लिए भी ख़ुद ही ज़िम्मेदार हैं।

मैं अक्सर यह चाहती हूँ कि कभी मेज का सिरा इनकी तरफ़ घूम जाये, उन तानाशाहों की तरफ़, जो औरतों के लिए नियम निर्धारित करते हैं और वे नियम उनके लिए बनाए जाएँ- जैसे पूरे कपड़े पहनने का नियम, रात में बाहर न निकलने का नियम। साथ ही उन्हें घर में बंद करके चाभी छुपा दी जाए।

कोई तो यह सारी बकवास बंद करवाए और स्थिति को समझे। वह युवा लड़की बहुत ही बुरी हालत में अस्पताल में मौत से लड़ रही है, ऐसी कई और लड़कियां अनैतिक, बदचलन कहलाए जाने के डर से अपने साथ हुए हादसे को छिपा ले जाती हैं। अब कीचड़ उछालने, मीडिया में बहस करने, जनता के आक्रोश आदि का क्या फ़ायदा। वह लड़की जो जीवन के लिए संघर्ष कर रही है, कुछ ऐसे लोगों के अपराध का शिकार हो गयी, जो कहते हैं कि वो अभी वयस्क नहीं हुए हैं।

मैं सिर्फ़ इतना कह सकती हूँ कि यह प्रताड़ित के साथ खड़े होने का वक़्त है जैसाकि बहुत सारी ईमानदार आत्माएँ कर रही हैं।

क्या चीज़ें यहाँ तक पहुँचतीं? शायद नहीं, अगर हमारे देश की आत्मा के रक्षकों की अपनी आत्मा बची होती। ऐसे दुर्जनों की सजा के लिये अंतहीन बहसें

हो रहीं हैं। अंगभंग से लेजर फांसी तक की मांग हो रही है। नेता, अधिकारी सब एक दूसरे पर सवालों और इल्जामों की झड़ी लगा रहे हैं। इन सबके बीच एक सवाल उठता है कि उस पीड़िता का क्या होगा? कौन उस पीड़िता के लिए सोचेगा और उसके असहाय परिवार का सहारा बनेगा? उन्हें इस व वक़्त परामर्श, आर्थिक मदद और नैतिक सहयोग चाहिए ताकि उनका खोया हुआ आत्मविश्वास लौट सके और उनका जीवन हमेशा के लिए असह्य न हो जाए।

सिर्फ़ अपराधी के लिए सजा तय कर देना या अदालत में उसके केस की पेशी ही काफ़ी नहीं है बल्कि उन सभी मुद्दों पर विचार किया जाना चाहिए जो इस तरह की पशुता को बढ़ावा देते हैं। सभी सवालों के उत्तर ज़रूरी नहीं कि अभी ही मिल जाएँ, लेकिन हम कम से कम उन्हें खोजना ज़रूर शुरू करें। क्या कोई इस तरह के सामान्य उपाय भी आरंभ करेगा जिसमें अपराध को दर्ज करना, नहीं दर्ज किए जाने की स्थिति में उनकी सजा तय करना, अधिकारियों को ज़िम्मेदार बनाना, पीड़िता का पुनर्वास करवाना आदि सुनिश्चित किया जा सके! इन अपराधों को बंद होना चाहिए। क्या यह चाहना बहुत चाह लेना है?

****

ऐसा लग रहा है कि मैं बस लोगों की राय को ही आवाज़ दे रही हूँ लेकिन कुछ भी उपयोगी कर पाने में अक्षम हूँ। घटनाएँ जिस तरह से बदली हैं उससे जीवन को देखने का मेरा नज़रिया ही बदल गया है। मैं अपने ही अस्तित्व में घिरी हुई थी। अचानक भारत में सब कुछ दुष्कर लगने लगा है, कितना कुछ करना है आस पास को बदलने के लिए। काम भी बोरिंग से एकदम हैरतअंगेज हो गया है। हर दिन पहले से अधिक चकित और तनावग्रस्त करने वाला है। इस तरह से तो मैं गश खा जाऊँगी।

रन्नी सिंह ने मेरे दुख को समझने से इंकार कर दिया है। *'यह सिर्फ़ काम क्यों नहीं हो सकता? तुम जो कर रही हो उसके साथ इतना व्यक्तिगत रूप से क्यों जुड़ रही हो?*

तो रन्नी सिंह काश कि तुम यह समझ पाते कि औरतें सिर्फ़ साथ सोने वाली देह ही नहीं, दिमाग और आत्मा भी

हैं। अगर तुम यह समझते तो तुम भी व्यक्तिगत रूप से जुड़ जाते। नहीं?

इन सबमें बस एक ही चीज़ थी जो सहयोगी थी, मैंगोमैन पार्टी प्रभाव में आ रही थी और आंदोलनरत लोगों को पूरा समर्थन दे रही थी। जब से आंदोलन शुरू हुआ है, वे केंद्र में आ गए हैं। लोग अभी न्याय चाहते हैं और यही कारण है कि उनका समर्थन मैंगोमैन पार्टी को रहेगा और वह जीत भी सकती है। आम आदमी के लिए अब भी कुछ आशा बची है।

क्रिसमस के लिए एक दुआ

भारत के लिए एक और दुःखद दिन। मैं ऑटोरिक्शा से चंगा टाइम्स के ऑफिस जा रही हूँ। उस दुःखद घटना के कारण आज वहाँ का माहौल भी अच्छा नहीं है। अमानत की हलात बिगड़ रही है। जीवन और मृत्यु के बीच झूलते हुए अंततः उसने आख़िरी सांस ले ली, वह भी ख़ुशी के त्योहार बड़े दिन में।

क्रिसमस है, लेकिन मैं अपने लिए किसी उपहार की कामना नहीं कर रही हूँ। बहुतों के लिए लेकिन मैंने एक दुआ ज़रूर मांगी है- औरतों पर होने वाला यह भयंकर अपराध हमेशा के लिए ख़त्म हो जाये। एकदम ख़त्म ताकि औरतें भी शांति से प्रकृति और अपनी आत्मा के साथ तालमेल बनाकर एक सुंदर जीवन जी पाएँ। ताकि लोग अपने अंदर शांति की तलाश करें और उनमें किसी और को नष्ट करने की इच्छा न रहे। मैं उम्मीद करती हूँ कि सैंटा सुन रहे होंगे- सैंटा आप आकर हमें सुकून दो ताकि दुनिया में फिर से ख़ुशी वापस आ सके।

रन्नी सिंह के साथ मेरा मतभेद जारी है। वह कितनी मूर्खता भरी बात कह रहा है कि उसके साथ ली गयी एक रूमानी छुट्टी मेरा सारा तनाव ख़त्म कर देगी। उसे एहसास ही नहीं एक औरत की भावनाओं का। ब्रेक-अप लगभग तय लग रहा है। जीवन बहुत ही दुःखद हो चला है। लेकिन काम ठीक चल रहा है।

बड़े दिन के नाम

लगता है सैंटा ने मेरी एक दुआ कुबूल कर ली है। चुनाव ख़त्म हो चुके हैं और आम आदमी की एकमात्र आशा मैंगोमैन पार्टी दिल्ली में काफी मज़बूत चल रही है। उसे बहुमत मिल गया है और वह राजधानी में सरकार बनाने के लिए आमंत्रित हुई है। कुछ ही महीने में आंदोलनकारियों से राजनेता का सफर तय कर मैंगोमैन पार्टी ने बड़ी उपलब्धि हासिल की है। इसके साथ ही उनका यह वादा भी आया है कि वह बलात्कारियों को सजा दिलाएँगे और राजधानी एवं देश को औरतों के लिए सुरक्षित बनाने हेतु बीस सूत्री एजेंडा बनाकर काम करेंगे।

नये प्रतिबद्ध चेहरों को देखना कितना उम्मीद भरा है! मैं पुराने अवतार में लौट आई हूँ इस बार चंगा टाइम्स की तरफ़ से मैंगोमैन पार्टी की विशेष कवरेज़ करने कि ज़िम्मेदारी मिली है। रन्नी सिंह को भूलना है और जीवन की कुछ अच्छी चीज़ों कि तरफ़ देखना है।

दिखा एक रास्ता

मैंगोंमैन की सत्ता में वापसी

मैं दिल्ली से एकदम ज़मीनी स्तर की रिपोर्टिंग कर रही हूँ। हर दिन पहले से अधिक रोचक होता जा रहा है। मैंगोमैन पार्टी के हिस्से में बहुत सारी चीज़ों को पहले करने का श्रेय आया है। एक ऐसी पार्टी जो सड़क पर आंदोलन करती थी से राजधानी दिल्ली में सरकार बनाना और फिर से सड़क पर आंदोलन करने उतर आयी, यह सब एक पूरा तमाशा है। एक तरह का सर्कस जिसमें एक पार्टी का चक्का गोल गोल घूल रहा है, राजनीति से आंदोलन तक।

किसने सोचा होगा कि वे सत्ता में आएंगे। सत्ता में पहले से बैठे लोगों को हँसी का पात्र बना देंगे और फिर वहाँ से बेदख़ल हो जाएँगे तथा ख़ुद ही मज़ाक का पात्र बनकर रह जाएँगे। हँसी पे हँसी? बिचारे दुविधाग्रस्त प्राणी। शायद वे यह तय ही नहीं कर पाये कि वे दीवार के किस ओर खड़े हैं, वे सत्ता में हैं या विपक्ष में, या फिर सिर्फ़ सड़क पर आंदोलन के लिए बने हैं। बहुत ही उथल पुथल भरी यात्रा रही उनकी।

मैं मैंगोमैन पार्टी को कवर करने ऑफिस से जल्दी में निकली हूँ। कहानी हर दिन पहले से ज़्यादा रोचक होती जा रही है। मैंगोमैन पार्टी के लोगों को सड़क पर आंदोलन करने के लिए गिरफ़्तार कर लिया गया है। राजधानी फिर से अराजकता में हैं और राष्ट्रपति शासन लग गया है। शायद यह राष्ट्रीय राजधानी के इतिहास में पहली बार हुआ है कि सत्तासीन पार्टी ने इतनी आसानी से राष्ट्रपति के लिए स्थान खाली कर दिया है और ख़ुद जेल में बंद हो गयी है। उन उत्साही

मंत्रियों को भी नहीं भूलना चाहिए जो साइकिल या मुर्गी जैसे अजीबोगरीब चिन्ह के साथ चुनाव में खड़े हुए और उन्होंने भी अपने खाते में एक भी वोट न पड़ने का इतिहास रच डाला।

बदलाव के साथ ताज़ा विचार आते हैं। चूंकि अभी फ़िलहाल तिहाड़ जेल के आस पास बने रहकर मैंगोमैन पार्टी के बारे में कुछ अच्छी ख़बर का इंतज़ार करने के अलावा मेरे पास कोई काम नहीं है, तो एक विचार मेरे दिमाग में आया। अगर मैंगोमैन पार्टी नहीं है, तो भारत के मुद्दों को कौन उठाएगा। अगर ...शायद .... शायद मैं यह कर सकती हूँ। शायद मुझे एक नये विचार के साथ आना चाहिए।

अभी सब कुछ ख़त्म नहीं हुआ है। मैं यह विचार साझा करने के लिए जमाल को फोन मिलाती हूँ। अगर रन्नी होता तो वह बस हामी में सिर हिलाता लेकिन यह जमाल है और उसका दोस्तना रवैया मेरे उत्साह को बढ़ाने वाला है। 'ज़रूर मैडम, उसने बहुत आत्मविश्वास के साथ कहा, 'एकदम कीजिये। सारी दुनिया में औरतें अपने बेलन से घर चलाती आई हैं। आप क्यों नहीं? आप बेलन को ही अपना चुनाव चिन्ह रखें। बदलाव लाना है। यही समय है।'

इन सब घटनाओं के बीच मैं एक नयी उम्मीद के साथ हूँ। जमाल की जोश भरी बातों ने मुझमें आशा जागा दी। मुझे इन चीज़ों पर सोचने के लिए अब समय चाहिए और चंगा टाइम्स की नयी प्रमुख मिस मालिनी ने इसमें मेरी मदद की। मैं एक लंबी छुट्टी और नये आरंभ के बारे में सोच रही हूँ। कितना कुछ करना है। यह कमरा खाली करना है, किसी नये तत्कालीन व्यक्ति को ज़िम्मेदारी सौंपनी है, मैंगोविमेन पार्टी कि स्थापना के बारे में सोचना है। एजेंडा बनाना है, एक जैसी सोच वाले लोगों को खोजना है, जो भारत की तरक्की के बारे में दिल से सोचते हों। शायद मैं पिंक ब्रिगेड या पीपुल्स पार्टी से शुरुआत करूँ। मैं अब सच में कुछ नया करने के उत्साह से भरी हुई हूँ। और सिर्फ़ किनारे खड़ी असहाय की तरह देखना नहीं चाहती। बदलाव अच्छे के लिए होता है। क्या आईना नयी सशक्त आम औरत बनेगी?

बदलाव की शुरुआत

आज का दिन बहुत भावुक है, आज ही मैं अपना यह कमरा खाली कर रही हूँ जो लगभग मेरा दूसरा घर बन गया है। चाँद टीवी में नियुक्त होना और फिर से चंगा टाइम्स में वापस आना, सब कुछ एक साल में हुआ है, लेकिन लगता है जैसे एक उम्र गुज़र गयी है। और अब कई तरह की कलाकृतियों, स्मृति चिन्हों, अवार्ड और तस्वीरें, जो पिछले चार सालों में चंगा टाइम्स की देन थीं, से घिरी मैं किसी स्वप्न जैसा महसूस कर रही हूँ। साथ ही मुझे मेरे भ्रम के दिन भी याद आ रहे हैं, वह मायाजाल जो मैंने अपने चारों ओर बुन रखा रहा था अपने और रन्नी सिंह के बारे में। यह सोच रही थी कि यह सब असली है।

पिछला साल भावनाओं के ज्वार भाटे में उलझा रहा, जिसमें बहुत सारा आनंद, मज़ा, निराशा, हताशा सब शामिल रहे और अब लगता है फिर से जी उठने, नया जीवन पाने का समय आ गया है। अब इस कमरे में दुबारा नहीं आना होगा। आज मैंने चंगा टाइम्स से लंबी छुट्टी ले ली है और चुनाव के एजेंडे पर काम कर रही हूँ। दर्शक से नायिका की यात्रा तय कर ली है। यह मेरा ताकतवर घुमंतू भारतीय की तरह नया जन्म है। अब मुझे सिर्फ़ मिसेज रन्नी सिंह नहीं होना है।

हालांकि ऑफिस में यह कोई नहीं जानता कि मैंने अपने केबिन का त्याग करना क्यों चुना, इससे कंपनी के कुछ पैसे तो बचेंगे। साथ ही इससे मुझे भी बदलाव को स्वीकारने और जीवन के अगले चरण तक पहुँचने में आसानी होगी, जैसे कि

कोई पक्षी अपनी उड़ान पूरी कर धरती तक पहुंचता है, उतनी ही सहजता से।

इस केबिन को खाली करना और इसके बारे में लिखना इस अस्तित्व को छोडने का पूर्वाभ्यास जैसा लगता है। यह करना बिल्कुल भी आसान नहीं है। मैं भावनाओं में डूब गयी हूँ, आंसुओं को रोकने का प्रयास कर रही हूँ। मुझे ऐसा लग रहा कि यह मेरी अंतिम यात्रा है जबकि ऐसा नहीं है। यह बदलाव मेरे लिए सुखकर और आसान रहेगा या फिर बहुत ही खराब, बिना तैयारी का अनुभव साबित होगा, अभी कुछ भी जानना संभव नहीं है। लेकिन मैं एक बात जानती हूँ कि मेरा कुछ भी चंगा टाइम्स में बचे या नहीं, मेरी स्मृतियाँ और अच्छे पल हमेशा रहेंगे जिन्हें लोग गर्मजोशी से याद करेंगे और मुस्कुराएंगे। 'उसने चंगा टाइम्स में बेहतरीन काम किया, फिर भारत की बारी आई'। अपने काम की जगह और जीवन में ऐसे याद किया जाना बहुत सुखद है।

मुझे अब ऑटोरिक्शा से घर की ओर लौटना होगा...फिर से नयी शुरुआत करनी होगी। यह एक नयी शुरुआत होगी, एक नयी आम औरत की तरह ...एक ताकतवर घुमंतू भारतीय।

उपसंहार

किताब के बारे में ....

कल इंडियन इंस्टीट्यूट ऑफ मैनेजमेंट, बंगलोर में लेखकों का एक आयोजन था, लगभग लेखकों के कोचिंग क्लास की तरह। मेरी याद में जिस पिछले आयोजन में मैंने आईआईएम-बी में भाग लिया था, वह मेरा कॉन्वोकेशन था। आश्चर्य की बात है कि उस आयोजन से अधिक लोगों ने इसमें शिरकत की थी। यहाँ तक कि मेरे आईआईएम प्रेसिडेंट भी आश्चर्यचकित थे। उन्होंने इतने लोगों के आने की उम्मीद नहीं की थी, ख़ासकर पिछले आयोजन के बाद, जिसमें मुफ़्त की शराब होने का बाद भी बहुत कम लोग आए थे।

नया शादीशुदा जमाल काम पर लौट आया है और मेरे राजनीति में आने के फैसले से बहुत उत्साहित है। पूरे रास्ते मुझे मैंगोमैन पार्टी के जेल से छूटने की कहानियाँ सुनाकर वह मेरा मनोरंजन करता आया है। ऐसा लगता है कि उसके भाई-बंधुओं ने मैंगोमैन पार्टी के कई कार्यकर्ताओं को जेल से घर पहुंचाया है। और उनके छूटने का कारण? प्रशासन मैंगोमैन पार्टी के विशालकाय प्रदर्शनों को रोकने में विफल हो रही थी। पार्टी के लोग उन लोगों की रिहाई के लिए जेल के बाहर धरना दे रहे थे जिन्हें धरना देने के कारण ही जेल में बंद किया गया था। यह सब उनके लिए अच्छा है। पार्टी ने ख़ुद को फिर से जीवित किया है और नये नेता सामने आए हैं। अब उनके सामने चुनाव चिन्ह को लेकर भी विकल्प हैं कि वह आम को ही अपना प्रतीक बनाए रखें या टमाटर को चुन लें (जोकि आम से अधिक उपयोगी है और धरने प्रदर्शन के दौरान बहुत ही कुशलता से फेंकने के उपयोग में भी लाया जा सकता है।) पार्टी ने औपचारिक

रूप से यह घोषणा कर दी है कि वह सिर्फ़ ऑटोरिक्शा से चलेगी (जो बस और कार किसी को पछाड़ सकता है।) उनके पास फिर से वायदों का अंबार है। यह आम आदमी और उसके लोकतान्त्रिक अधिकारों के लिए अच्छा है कि इसके पास अच्छे विकल्प मौजूद रहें।

बाहर और भी कई ऑटोरिक्शा पंक्तिबद्ध खड़े हैं। तभी एक ऑटोरिक्शा से रन्नी सिंह उतरता दिखता है। (इसे लिखे हुए शब्दों से लगाव कब से हो गया वह तो इससे भागता ही रहा है)। मेरा भ्रम जल्द ही टूट गया। उसने जमाल को देखकर चुपके से आँख मारी और समझ गयी कि अब मैचमेकर की भूमिका जमाल अदा कर रहा है।

फिर एक और चकित कर देने वाली बात। अंदर हॉल पूरा भरा हुआ है। किसी ने मुझे बताया कि पिछली बार इतनी भीड़ बॉलीवुड फिल्म थ्री इडियट्स की शूटिंग के वक़्त हुई थी। इस समय चार सफल लेखक मंच पर हैं जिन्हें सुनने के लिए लोग बहुत उम्मीद से जमा हुए थे कि वहाँ तक पहुँचने का उनका सफर कैसा रहा। किस तरह से इतनी भीड़ उनके लिए जमा हुई है और इतनी सफलता उन्होंने कैसे पायी। लोग यह जानने के लिए ज़्यादा उत्सुक थे कि वे ख़ुद वहाँ तक कैसे पहुँच सकते हैं। सभी उत्सुक लोग सफल लेखक बनने के गुर जानना चाहते थे।

दर्शकों की भीड़ देखकर ऐसा लग रहा है कि हर कोई, यहाँ तक कि उनके पालतू कुत्ते भी या तो लिखने पर विचार कर रहे हैं या अपनी किताब संपादित या प्रकाशित कर रहे हैं। भेड़ चाल? जब से एक सफल व्यवसाय फ्लिपकार्ट निकल कर आया, हर कोई ऐसा ही कुछ करने का सोचने लगा। दर्शकों के बीच से सवालों की झड़ी लगी हुई है, 'मैं कितनी जल्दी प्रकाशित हो सकता हूँ? 'लोग क्या पढ़ते हैं और इसी तरह के सवाल। सवाल थे कि थमने का नाम नहीं ले रहे थे और सेलिब्रिटी लेखकों के चेहरों पर परेशानी दिखने लगी थी।

तभी दर्शकों के बीच से अचानक एक ऐसा सवाल आया जिससे सब चौंक गए। यह सवाल रन्नी सिंह पूछा रहा था, 'पहली पंक्ति की चौथी सीट पर पत्रकार आईना राव बता सकती हैं कि वह अपनी पहली किताब कब लिख रही हैं? सबके

सिर पहली पंक्ति की चौथी सीट पर बैठी लड़की की ओर मुड़ गए। मैं एकदम अवाक, धीमे से जबाव देती हूँ, 'हालांकि राजनीति मेरे दिमाग में पहले है लेकिन एक किताब लिखने की बात भी मेरे दिमाग में है। शायद मैंगोमैन पर तभी मैं यहाँ हूँ।' मैंने रन्नी पर एक तीखी निगाह डाली जिसके बदले में उसने मुझे एक शरारती मुस्कान के साथ देखा। वह मुस्कान अब तक की सबसे मीठी मुस्कान थी उसकी। मेरा दिल फिर पिघलने लगा था। वह अपने सफ़ेद और काले पिनस्ट्राइप सूट और काली पगड़ी में गज़ब का दिख भी रहा था।

अधीर दर्शकों का ध्यान थोड़ी देर के लिए बंटा। लेखकों ने भी राहत की सांस ली। अब वे फिर से सवालों की झड़ी लगा रहे थे, मैं क्या लिखूँ जो प्रसिद्ध हो जाये? कैसे और क्यों लिखना चाहिए? सेलिब्रिटी परेशान थे। आख़िर प्रतिष्ठित इंडियन इन्स्टीट्यूट ऑफ मैनेजमेंट में आने से पहले उन्होंने क्या सोचा था। किसी भी तरह की परीक्षा, मौखिकी या परिष्कृत रैगिंग उनकी गरिमा के खिलाफ़ होती।

कुछ उनके बचाव में भी कहना होगा। जैसे कि एक सफल लेखक ने सही कहा, 'आप लिखते हैं क्योंकि दरअसल आप लिखे बिना रह नहीं सकते।' और मैं इस कथन में यह जोड़ना चाहूंगी कि कुछ भी सही लेखन या गलत लेखन नहीं होता। हमारे अंदर गहरे कहीं, एक इच्छा होती है, शायद दुनिया द्वारा उपेक्षित कर दिये जाने का भाव, छोड़ दिये जाने का भय। यह डर कि हम इस शक्तिशाली ब्रह्मांड में कहीं कोने में पड़े उपेक्षित, अनदेखे रह जाएँगे। अगर आप बहुत बोलते हैं तो इसे मौखिक डायरिया कह कर उपेक्षित किया जा सकता है। लेकिन जब आप लिखते हैं, तो आप एकदम अकेले होते हैं। न आप बोरिंग होते हैं, न ही किसी को परेशान कर रहे होते हैं, आप बस कुछ निर्मित कर रहे होते हैं। अपने ही अस्तित्व के शांत जल में डूब रहे होते हैं, अपनी ही एक मृगतृष्णा तैयार कर रहे होते हैं।

मैं क्यों लिखती हूँ, क्योंकि मैं लिखे बिना रह नहीं सकती। और जब मैं लिखती हूँ, यह पाती हूँ कि डायरी मेरी सबसे अच्छी दोस्त बन जाती है। वह मुझसे पलट कर बातें करती हैं- लेकिन क्रोध में नहीं, बहुत ही मीठे सहज स्वर

में। मैं उसे अपने मन की सब बात कहती हूँ क्योंकि मैं चाहती हूँ कि वह उसे अपने आप में दर्ज कर ले और वे समय के बहाव में कहीं खो न जाएँ। लेकिन कहीं मेरे अंदर यह इच्छा भी है कि लोग (बहुत सारे) उसे पढ़ें। क्या यह किसी बेस्टसेलर की इच्छा है? बिल्कुल नहीं। जैसा कि जेफ़री आर्चर ने कहा है, 'आप सिर्फ़ चाहते हैं कि दुनिया आपको पढ़े। यह अपने आप में में एक सफलता है'। किसी टॉनिक की तरह यह आपके उत्साह को बढ़ाती है। आप बेस्टसेलर सूची में नहीं हैं? कोई बात नहीं। यह दरअसल बिल्कुल ज़रूरी नहीं है। आप भयभीत थे कि आप दुनिया की भीड़ में कहीं उपेक्षित छूट जायंगे लेकिन अब ऐसा नहीं होगा। आपके विचार यहाँ दर्ज हो चुके हैं, हमेशा के लिए जिन्हें कोई भी कभी देख और पढ़ सकता है। आपके पूर्वजों के विपरीत, जिनके पास भी कई कहानियाँ थीं लेकिन जो कभी लिखी नहीं गईं। वे कहानियाँ समय के गर्भ में कहीं गुम हो गईं। लेकिन आप पढे जा रहे हैं, यह अपने आप में एक पुरस्कार है।

मैंने यह किताब क्यों लिखी?

एक सुबह उठते ही मेरे दिमाग में यह ख़याल आया, हे भगवान! कितने आईआईटी, आईआईआईएम के मेरे सहपाठी, सीनियर, जूनियर अब सफल लेखक बन गए, मुझे भी यह करना चाहिए। यह सोच तो मुझे प्रेरित कर ही रही थी। लेकिन इससे भी बड़ी बात यह थी कि एक दिन यह जीवन हमेशा के लिए ख़त्म हो जाएगा और पीछे कुछ भी नहीं बचेगा। हमारे पूर्वजों के जीवन की तरह, जो इस क्षण भंगुर संसार में बिना कोई अपना निशान या पदचिन्ह छोड़े चले गए। ख़ासकर मेरे पिता जो मेरे बचपन में ही गुज़र गए थे। अपने पीछे उन्होंने सिर्फ़ अपने जीवन के कुछ टुकड़े डायरी के नोट्स के रूप में छोड़े- जैसे मेरे जन्म की दर्ज तारीख- 7 अक्टूबर, 1990, नागपूर। मेरी गुड़िया का जन्म और कुछ और टुकड़े जिन्हें मैं खोज रही हूँ।

और यह विचार कहीं मेरे मन में दर्ज हो गया। कई साल बाद, उसी तरह मेरी किताब का पहला पन्ना दर्ज हुआ- 22 नवंबर 2016, आईना की डायरी, आईना एक घुमंतू भारतीय लड़की, स्थान-बंगलुरु।

शुक्राना

यह किताब मेरी लेखकीय यात्रा की शुरुआत है और उसकी एक तार्किक परिणति भी। यह यात्रा कुछ साल पहले शुरू हुई थी। 2007 में मैं अपने परिवार और सारे साजो सामान के साथ ब्रिटेन में एक दशक बिताकर लौट आई थी। जो साल मैंने वहाँ गुज़ारे, उनमें मैंने बहुत कुछ इस मायने में खोया कि उन चीज़/घटनाओं से दूर रही जो भारत में बड़े होने के मेरे अनुभवों में शामिल थे। ब्रिटेन का जीवन बढ़िया था, लेकिन अंदर कहीं हमेशा अपने घर, अपने जड़ों तक वापस लौटने का भाव ज़ोर मारता रहा।

भारत लौटने का अनुभव बहुत आसान नहीं रहा, जितनी मैंने उम्मीद की थी। भारत बहुत बदल गया था, विकसित हो गया था। भाग्यवश मेरे आईआईआईएम बंगलोर के कई दोस्त भी साथ लौटे थे। हम सब साथ बड़े हुए थे। जब मैंने भारत को फिर से जीना शुरू किया—सब वापस लौटने लगा—सड़क पर गायें, जलसे, शोर शराबा, रस, घर में उगाये गए आमों का स्वाद। यही सब कुछ मैं इतने साल याद करती रही थी।

इसके साथ ही मैंने यहाँ कई विषमताएं देखीं—असमानताएं, गंदगी, भ्रष्टाचार और राजनीति के गोरखधंधे। आख़िरकार मुझे एहसास हुआ—मैं बस एक आम आदमी हूँ। एक आदमी किनारे खड़े होकर देखने के सिवा कुछ नहीं कर सकता है। शायद उसका लिखना ही उसकी मुक्ति है – कैथार्सिस। अपनी भावनाओं कागज़ों पर अनियंत्रित छोड़ देना। एक चीज़ ने दूसरी चीज़ को जन्म दिया और घुमंतू भारतीय का किरदार निर्मित हुआ—एक आम स्त्री, एक ऐसा किरदार जो देखती है और लिखती है। ब्लॉग ख़ूब पसंद किया गया। फिर वहीं से किताब का विचार आया। घुमंतू भारतीय की कहानी--कई कहानियों का निचोड़, बेहद मज़ेदार, कुछ चिढ़ाने वाले, कुछ एकदम असली।

मैं अपने पाठकों का जितना भी शुक्रिया करूँ, कम होगा, जिन्होंने मेरे ब्लॉग- www. amblingindian.com और किताब दोनों को अपना इतना प्रेम दिया। आप सब मेरे लेखन यात्रा में हमेशा साथ रहे।

मैं बहुत शुक्रगुज़ार हूँ-

- इंदु राधा और अम्मू नायर का, जिन्होंने मेरे लेखन पर हमेशा विश्वास रखा।
- मालिनी नायर, निधि कौशिक और उनकी लीडस्टार्ट टीम- नागाश्री, म्हात्रे, दीपाली, राजू, बेसलिन, मार्त्ता, मिशेल और सरिता को उनके कीमती टिप्पणी के लिए।
- रवि सुब्रमण्यम और ज्योति-रूपल मज़मूदार को उनकी सलाह के लिए।
- आलोक अग्रवाल को उनके कीमती सहयोग के लिए।
- तराना और गिरिजा अग्रवाल को उनके प्रेम और प्यारे एंबलिंग इंडियन स्केच के लिए।
- गीतु-मधुकर, आलोक गुप्ता-शलिनी, मधुश्री, लक्ष्मी, वेणु, हायमा और कामराजू उनकी शुभकामनाओं के लिए।
- राधा, सुरेश राजू, प्रशांत-बाला, डॉ प्रदीप रीतु, सरिता, भादरिश, सैरिका, जयराम कृष्णन, सुदीप्तो रे, संगीता-रीतु, मनीषा -तेकू, सत्या और सी पी मधू को उनके सहयोग के लिए।
- पीटर जॉर्ज, पैट फील्डिंग, माल्कोम, सूजैन, गीता विलास, तमता, अजय-नीति, बीबी,विमल, चज्जु, सर्डी, जेडी मिश्रा, बन्नी, मिल्ली, एसके सिंह, अलका, नीतू-विराज। संगमों, रनवाल, ढ़ोल, पंकज राय, पुनीत गुप्ता, लीना, वंदना, स्मिता, अरुणा, अजय-रुचि, डॉ चारल्टन-पियर्स, डॉ राजेश और मेरी काम की टीम को साथ बने रहने के लिए।
- संगीता मॉल, पंकज सेठ, यशोधरा लाल शर्मा, दीपक, सरिता मंदन्ना और संतोष देसाई को उनकी सलाह के लिए।

और अंत में शुक्रिया मेरे आईआईटी दिल्ली, आईआईआईएम बंगलोर और लंदन के दोस्तों का, मेरी गृहकार्य सहयोगी देविका का, मॉम, डैड और मेरे सभी पाठकों का जिन्होंने मुझे वह बनाया जो मैं आज हूँ।